Tourenheft

Ingrid Pilz

Naturparadies Julische Alpen

Mit beigelegtem Tourenheft
für Wanderungen
Bergtouren, Klettersteige

Styria

Der Bergschuh mit "Klimaanlage" KOFLACH Montana

Tourenführer

Allgemeine Hinweise:
Der Führer enthält für jede Tour eine Wegskizze mit den slowenischen bzw. italienischen Ortsnamen, Gehzeiten, Höhenangaben und eine kurze Beschreibung des Wegverlaufes. Diese Beschreibung ist bei eindeutigem Verlauf kurz, sonst etwas länger. Gehzeiten sind für durchschnittliche Geher angegeben. Die angeführten Zeiten sind Aufstiegszeiten; nur bei Rundtouren oder Überschreitungen ist die Gesamtzeit angegeben.

Die angegebenen, durchnumerierten Wanderkarten sind auf S. 9 des Buches zusammengestellt.

Die erste Zeile jeder Tourenbeschreibung gibt einen Hinweis auf die Schwierigkeit, die mittlere Gesamtgehzeit und Gesamthöhendifferenz (Hm). Die Schwierigkeit wird nach folgenden Gesichtspunkten beurteilt:

1. Wanderungen:
Leichtes Gelände mit maximal 700 m Höhenunterschied; auf gelegentliche kurze, leichte und gesicherte Felspassagen wird hingewiesen.

2. Bergtouren:
Alpines, stellenweise felsiges Gelände; oft gute Kondition und Orientierungssinn nötig.

3. Klettersteige:
Trittsicherheit, Schwindelfreiheit und etwas Kletterfertigkeit sind auch bei „leichten" Klettersteigen erforderlich (Steinschlaghelm empfehlenswert).
Weitere Hinweise auf S. 8/9 des Buches.

Symbole der Tourenskizzen

═══	Straße
───	Schmale Straße, Fahrweg, Fluß
○─○─○	Gondelbahn, Sessellift
•─•─•─•	Materialseilbahn
┼┼┼┼┼┼┼	Schlepplift
▭	Zug
= = =	Zugtunnel
▬ ▬ ▬	Weg der vorgeschlagenen Tour
••••	Wegvariante
– – –	Weg, Steig
⌂	Hütte, Haus
▭	Biwak
⩊	Jagdhaus
⌂	Alm
◍	Ort
⸸	Kapelle
⸸	Kirche
⸙	Bildstock
†	Wegkreuz
└	Ruine
⚐	Denkmal
⬭	See
⧘	Wasserfall
▲▲▲	Schlucht
ρ	Quelle
▲	Berggipfel
⊞	Felsenfenster
⤬	Sattel, Scharte, Paß
⌓	Höhle
⤬	Brücke
⊤⊤	Straßenschranken
P	Parkplatz
⅄	Campingplatz

1 Bled – Kurort am Bergsee

Beschreibung des Bleder Sees.

2 Bleder See – Straža – Osojnica

Ebener Spaziergang um den See; 1 1/2 Std.
Leichte Wanderungen: Berg Straža (1/2 Std.; 160 Hm), Berg Osojnica
(1/2 Std.; 200 Hm); Karte 1.

Wegverlauf:

Abstecher Berg Straža (642 m): Im Südosten des Sees (485 m) von
den letzten Häusern in Bled oder von der Talstation des Sesselliftes
der Markierung „Fitneß, Straža" folgen (1/2 Std.).

Abstecher Berg Osojnica (685m): Vom Westufer des Sees, wo
Straße und See-Rundweg zusammentreffen, zweigt links (westlich)
deutlich beschildert der Weg ab. Sobald der Weg eben wird, nach
rechts (nördlich) einem kleinen Steig (Hinweisschild) zum felsigen
Gipfel folgen (1/2 Std.).

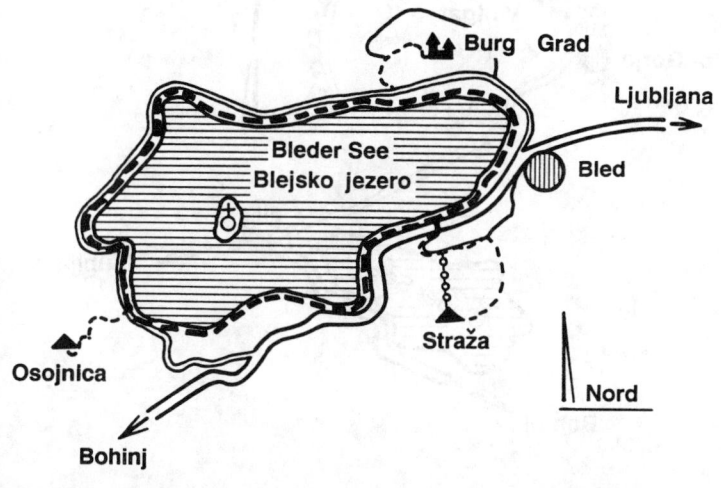

3 Vintgar-Klamm

Leichte Wanderung; 1 Std.; 130 Hm; Karte 1.

Zufahrt: Von Bled nördlich der Burg zum Dorf Zasip und am Dorfeingang rechts (östlich) zur Jausenstation „Jurček" (Schild) und Kirche Sv. Katarina (ca. 650 m, Parkplatz) abzweigen.

Wegverlauf: Nördlich der Kirche beginnt der markierte Weg bei der Tafel der Triglav-Nationalpark-Grenze hinunter zur Vintgar-Klamm (20 Min.). Vintgar-Klamm (gebührenpflichtig) ca. 2 km ($^1/_2$ Std.).

Variante: Zu Fuß von Bled nach Zasip und direkt durch das Dorf hinauf zur Kirche der hl. Katharina. Nach Durchwanderung der Klamm 1 km nach Sp. Gorje und mit Bus zurück nach Bled.

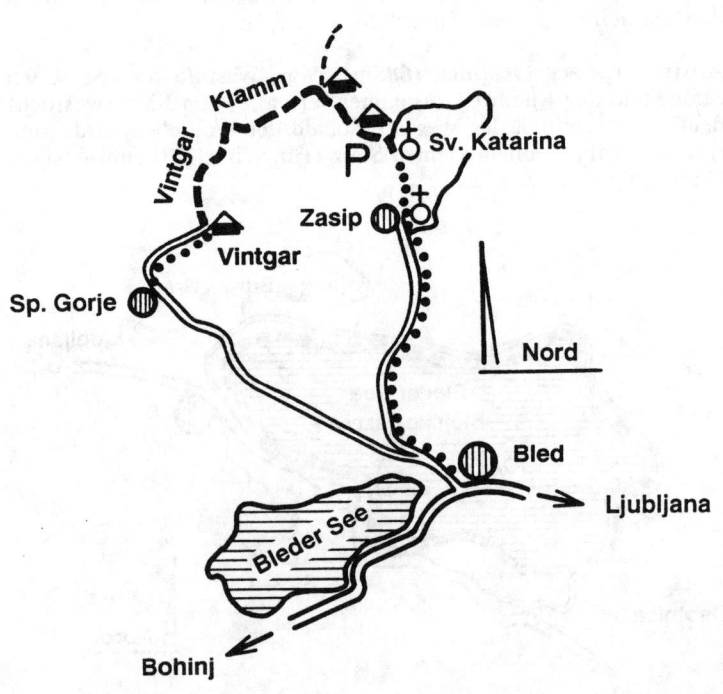

4 Pokljuka-Klamm

*Leichte Wanderung; 200 Hm; 1/2 Std. (Rundtour über Zatrnik 2 Std.);
Karte 1.*

Zufahrt: Von Bled Richtung Pokljuka und bei Ortstafel des Dorfes
Krnica rechts und sofort darauf links abzweigen und dem Schild
„Pokljuska, Soteska" folgen. 1,4 km nach Ortsschild „Krnica" win-
ziger Parkplatz (650 m) nach einer Brücke.

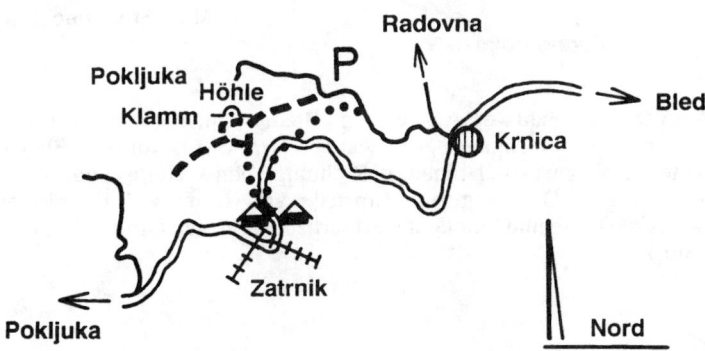

Wegverlauf: Weg durch Schlucht deutlich markiert, zusätzlich rote
„P". Links (südlich) zweigt Weg (Hinweisschild) nach Zatrnik ab, der
auf Retourweg als Variante gewählt werden kann. Unmittelbar darauf
am Felsen des rechten Schluchtrandes Hinweis zur nur 50 m entfern-
ten Pokljuka-Höhle (Pokljuska Luknja). Der weitere Weg leitet über
eine Holzgalerie und durch einen Felsspalt zum Ende des erschlosse-
nen Klammteiles (ca. 850 m Höhe, 1/2 Std.).

Variante: Rundweg über Zatrnik (2 Std.).

5 Pokljuka – Lipanski vrh

Leichte Bergtour; 1 1/2 Std.; 530 Hm; Karte 1.

Zufahrt: Von Bled 14 km in die Pokljuka zur Straßenkreuzung Mrzli
Studenec. Rechts (nördlich) abzweigende Forststraße ca. 3,5 km
fahren, zweite Straße links (westlich) abbiegen und Wegweiser zur
Alm Lipanca folgen. Bei einer kleinen Holzhütte Fahrverbotsschild
und Parkmöglichkeit (ca. 1450 m).

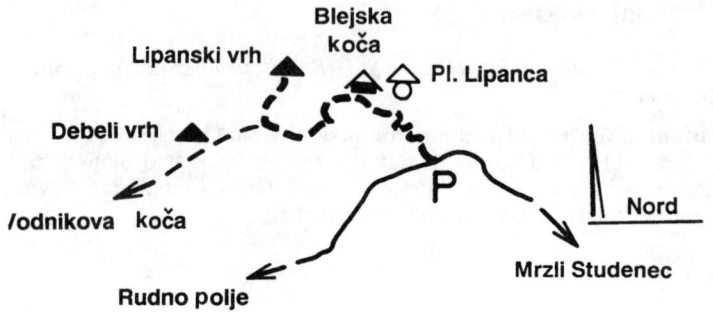

Wegverlauf: Fahrweg weiter zur Bleder Hütte (Blejska koča, 1655 m) auf der Lipanca-Alm wandern (¹/₂ Std.). Von der Bleder Hütte den Weg westlich hinauf in Richtung Vodnik-Hütte (Vodnikova koča) folgen. Der Weg zum Lipanski vrh (Name auf Felsblock) zweigt rechts ab und leitet gut markiert zum grasigen Gipfel (1983 m, 1 Std.).

6 Imkereimuseum in Radovljica

Museumsbesuch.

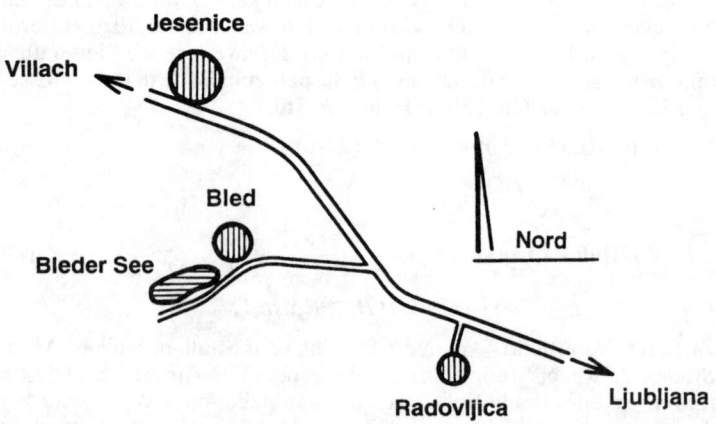

7 Die Wochein und ihre Bewohner

Allgemeine Beschreibung.

8 Wocheiner See

Leichte Wanderung; Rundweg 2³/₄ Std.; Karte 1.

Zufahrt: Von Bled nach Ribčev laz (großer Parkplatz) am Wocheiner See (Bohinjsko jezero).

Wegverlauf: Am Ostufer des Sees gegenüber der Kirche Sv. Janez beginnt der Rundweg über Nord- und Westufer zum Südufer. Der direkte Retourweg am Südufer verläuft größtenteils auf der Straße.

Variante: Der Straße wenige Minuten zur Bergstation der Vogelseilbahn folgen. Vom Parkplatz vor (östlich) der Bergstation führen Holstufen hinauf zu einem Forstweg, der hoch über dem See durch Wald zurück nach Ribčev laz leitet.
Sehr lohnend ist ein Besuch der kleinen Barockkirche zum hl. Geist (Sveti Duh), die direkt am Südufer des Sees liegt und der Kirche zum hl. Johannes (Sveti Janez) in Ribčev laz.

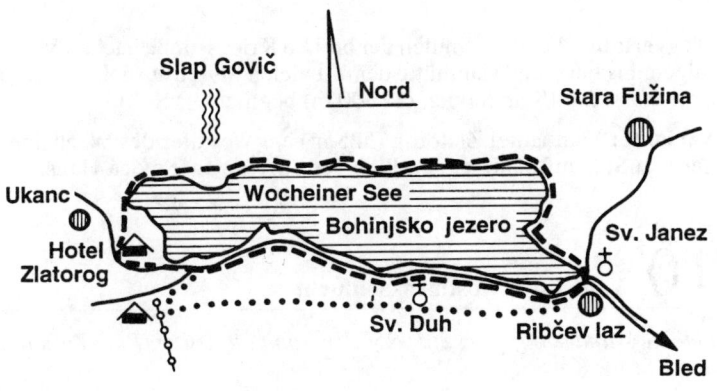

9 Savica-Wasserfall

Leichte Wanderung; 1/2 Std.; 150 Hm (vom Hotel Zlatorog 1 1/4 Std.); Karte 1.

Zufahrt: Vom Westufer des Wocheiner Sees zum Parkplatz beim Savica-Haus (Dom Savica, 651 m).

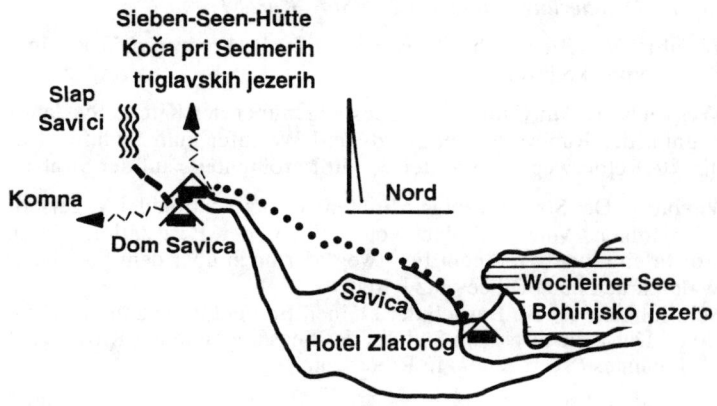

Wegverlauf: Wenige Minuten der breiten Kriegsstraße bachaufwärts folgen, bis bei einer Mauthütte der mit vielen Stufen ausgebaute Weg zum Wassefall (Slap Savici, ca. 800 m) beginnt (1/2 Std.).

Variante: Vom Hotel Zlatorog (525 m) am Westufer des Wocheiner Sees 3/4 Std. auf Fahrweg nördlich der Savica zum Savica-Haus.

10 Voje-Tal – Mostnica-Schlucht

Leichte Wanderung; 2 1/2 Std., 250 Hm (ab Voje-Hütte (Pkw-Zufahrt) nur 1 Std.); Karte 1.

Zufahrt: Von Bled nach Stara Fužina (546 m) am Ostufer des Wocheiner Sees.

Wegverlauf: Von Stara Fužina rechts (östlich) des Mostnica-Baches über die Teufelsbrücke (Hudičev most) zur Hütte auf der Voje-Alm

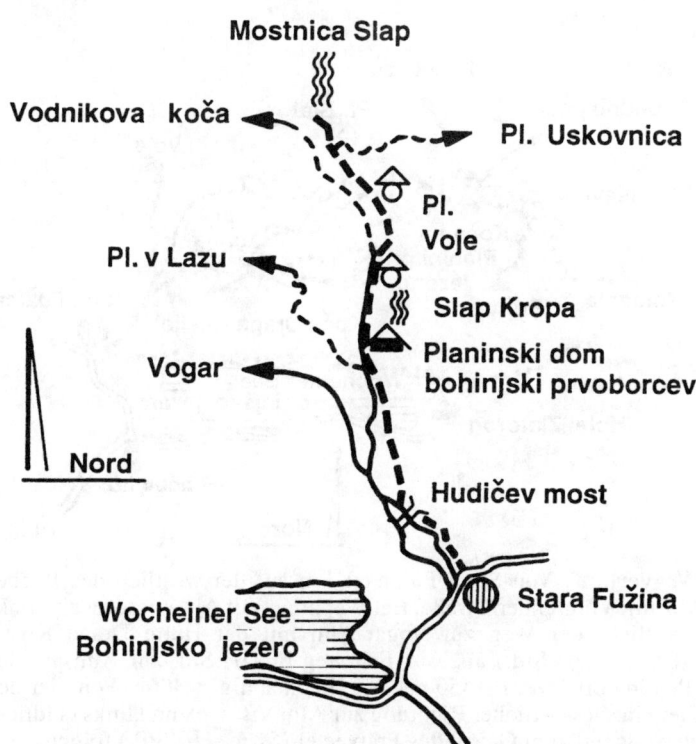

Mostnica Slap

Vodnikova koča

Pl. Uskovnica

Pl. Voje

Pl. v Lazu

Slap Kropa

Planinski dom bohinjski prvoborcev

Vogar

Nord

Hudičev most

Stara Fužina

Wocheiner See Bohinjsko jezero

Planinski dom bohinjski prvoporcev, 1¹/₂ Std.; 689 m; bis Hütte auch Pkw-Zufahrt westlich der Mostnica). Auf ebenem Almboden weiterwandern; Mitte des Talbodens zweigt links der Weg zur Vodnik-Hütte und im Talschluß bei den letzten verfallenen Almhütten der markierte Weg zur Uskovnica-Alm ab. Von hier den Wegweisern „Slap" (Wasserfall) hinauf zum Mostnica-Fall (800 m, 1 Std.) folgen. Malerische Kolke erreicht man auf schmalem Steig, der vom Wasserfall direkt am östlichen Schluchtrand der Mostnica abwärts führt.

11 Alm am See – Pršivec

Leichte Bergtour; 4¹/₄ Std.; 1210 Hm; ab Vogar-Alm (Pkw-Zufahrt) nur 2³/₄ Std., Karte 1.

Zufahrt: Von Bled nach Stara Fužina (546 m) am Ostufer des Wocheiner Sees.

Wegverlauf: Von Stara Fužina 1 km auf der westlich des Baches Mostnica führenden Straße. Bei Wegkreuz auf Almwiese zweigt links (westlich) der Weg zur Vogar-Alm mit der Hütte Draga Kosija (1050 m, 1½ Std.) ab. Auf Fahrweg in 1½ Std. zur Alm am See (Planina pri Jezeru, 1450 m) mit gleichnamiger Hütte. Von hier den Steig in südwestlicher Richtung zur Alm Viševnik und links (südlich) abzweigend zum Gipfel des Pršivec (1761 m, 1¼ Std.) folgen.

Variante: Zwei-Tages-Rundtour mit Übernachtung auf der Hütte pri Jezeru und Abstieg über den siebenten Triglav-See (Črno jezero), die Komarča und Savica-Hütte lohnend (Gehzeit insgesamt ca. 9 Std.).

12 Almen auf der Hochebene Fužina

Leichte Wanderung; Rundweg 3¼ Std.; 480 Hm, Karte 1.

Zufahrt: Von Stara Fužina ins Voje-Tal, bei Straßengabelung links. Bald Fahrverbotsschild, darunter Tafel „Befahren auf eigene Gefahr". Sehr grobschottrige Straße aufwärts; bei Straßengabelung rechts halten und bis zu kleinem Parkplatz vor der Alm Blato (1080 m).

Wegverlauf: Bei Schranken vor der Alm Blato kleinen Steig links hinauf in den Wald folgen, bis man auf breiten, markierten Weg trifft. Nach Steilstufe mündet von links der Fahrweg von der Vogar-Alm

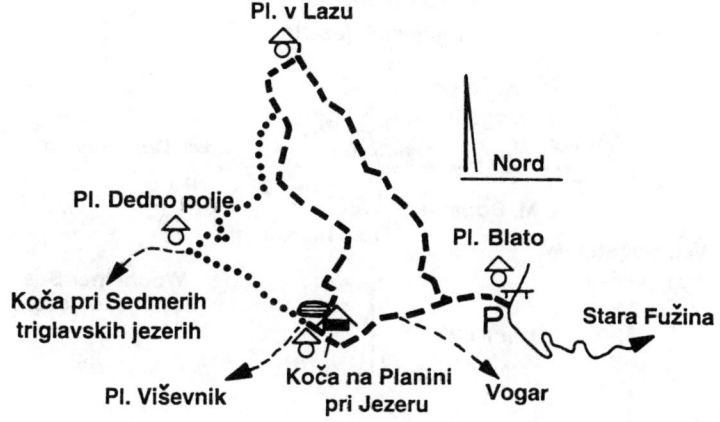

ein. In 1 Std. zur Alm am See (Planina pri Jezeru) mit gleichnamiger Hütte (1450 m). Von der Hütte östlich des Almsees vorbei in 1 Std. zur Alm v Lazu (1560 m). Am Ostrand der Alm bei starker Quelle beginnt der Weg, der direkt zur Alm Blato zurückführt (1¹/₄ Std.). Dieser Weg ist teils spärlich markiert.

Variante: Rundwanderung mit Einbeziehung der Alm Dedno polje (1560 m) (4 Std.).

13 Komna und Bogatin

a) Zlatorog-Sage

b) Bogatin

Lange Bergtour; 4³/₄ Std.; 1360 Hm. (Übernachtung Komna-Haus oder Bogatin-Hütte empfehlenswert), Karte 1.

Zufahrt: Vom Westende des Wocheiner Sees zur Savica-Hütte (651 m).

Wegverlauf: Von der Savica-Hütte breiten Weg Richtung Savica-Wasserfall folgen; bei Holzhäuschen links abzweigen (Schild) und in 52 durchnumerierten Kehren auf alter Kriegsstraße zum Komna-Haus (Dom na Komni, 1520 m, 2¹/₂ Std.); Rucksacktransport mit Materialseilbahn möglich. Vom Komna-Haus Transversalweg Nr. 1 zur Bogatin-Hütte und weiter Richtung Duplje, Krn-Seen folgen. (Man kann auch direkt zur Bogatin-Hütte aufsteigen und das Komna-Haus

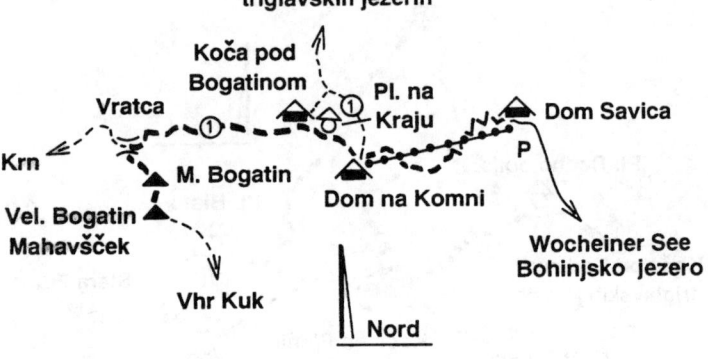

links liegenlassen). Vom Bogatin-Sattel (Vratca) nach Süden abzweigen und über den Mali Bogatin zum Veliki Bogatin (Mahavšček, 2008 m, 2¼ Std.) aufsteigen.

c) Komna – Sieben-Seen-Hütte

Lange Bergtour; Rundtour 8 Std.; 1030 Hm; Übernachtung Sieben-Seen-Hütte empfehlenswert; Karte 1.

Zufahrt und Anstieg zum Komna-Haus (2¹/₂ Std.) wie bei Tour Nr. 13b beschrieben.

Wegverlauf: Bei Weggabelung 5 Min. vor dem Komna-Haus scharf rechts (beschildert) zur Sieben-Seen-Hütte (Koča pri Sedmerih triglavskih jezerih) abzweigen. Ohne größere Höhenunterschiede auf Weg Nr. 1 zur Sieben-Seen-Hütte (1683 m, 2¹/₂ Std.). Von der Hütte am Ostufer des Doppelsees vorbei zum siebenten See (Črno jezero) und steil über die Komarča-Wand (einige unschwierige Passagen mit Drahtseilsicherungen) zur Savica-Hütte absteigen.

Kürzere Variante: 10 Min. unterhalb des Komna-Hauses zweigt ein Weg (Hinweistafel) zum siebenten See (Črno jezero) ab, der ohne Besuch der Sieben-Seen-Hütte direkt zum Savica-Haus führt (insgesamt 5¹/₂ Std.).

14 Črna prst

Leichte Bergtour; 3 Std.; 1040 Hm;
Karte 1.

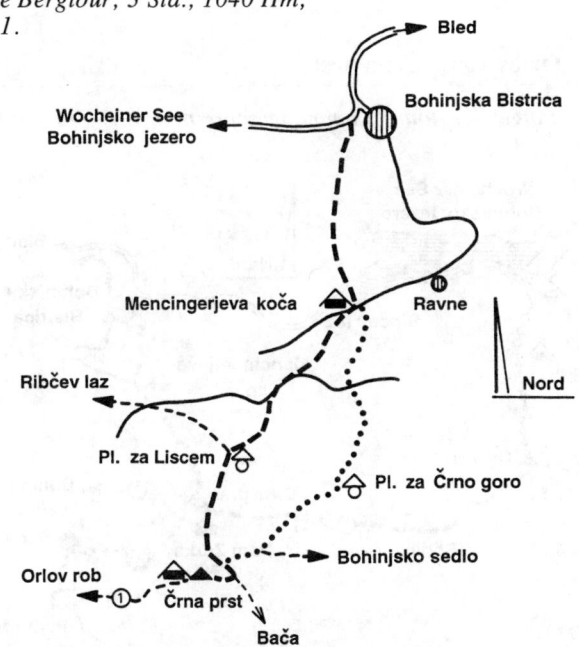

Zufahrt: Von Bled nach Bohinjska Bistrica und über Ravne zur Mencinger-Hütte (Mencingerjeva koča, 805 m).

Wegverlauf: Von der Hütte durch steilen Wald bis auf ebene Forststraße, dieser ca. $^1/_2$ km rechts (westlich) folgen. Auf beschilderte Abzweigung des Steiges links hinauf achten! Über aufgelassene Alm za Liscem und das weite Kar, zuletzt in südöstlicher Richtung den Berghang querend, zum Sattel Čez Suho (1760 m, 2$^3/_4$ Std.). (Knapp unterhalb dieses Sattels zweigt Weg zum Wocheiner Sattel, Bohinjsko sedlo, ab, und im Sattel (südlich) der Weg nach Bača und Podbrdo, eine lohnede Abstiegsvariante). Vom Sattel Čez Suho in westlicher Richtung (rechts) abzweigend über den grasigen Kamm in $^1/_4$ Std. zur Hütte (Dom Zorka Jelenčiča) und Črna prst-Gipfel (1844 m).

Varianten: Bohinjska Bistrica (512 m) – Črna prst – Abstieg Podbrdo (519 m) und Rückfahrt mit Zug nach Bohinsjka Bistrica; lohnend, aber länger (insgesamt 7–8 Std.; 1330 Hm), vgl. Tour Nr. 15.

(Weitere Abstiegsvariante führt über die Alm za Črno goro zur Menzinger Hütte.)

15 Orlov rob – Črna prst

Leichte, lange Bergtour; Kammüberschreitung 8$^1/_2$ Std.; 300 Hm; Karte 1.

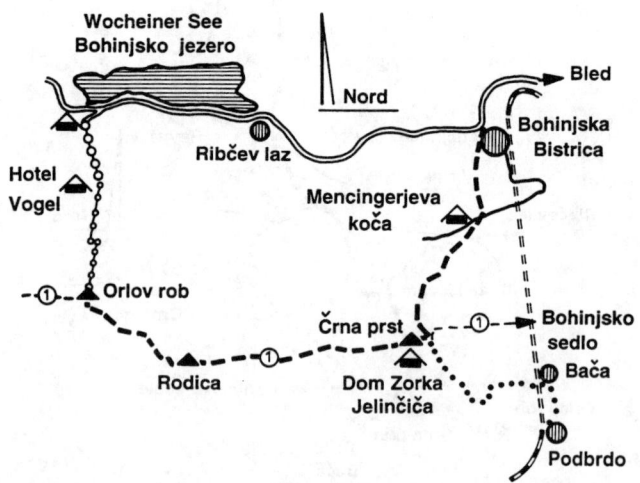

Zufahrt: Vom Westende des Wocheiner Sees (Bohinjsko jezero) zur Talstation der Gondelbahn. Mit Gondelbahn zum Berghotel Vogel und mit zwei Sesselliften zum Orlov rob (1800 m).

Wegverlauf: Von der Bergstation des Sesselliftes in kürze zum Transversalen Höhenweg (Nr. 1). Diesen links (östlich) folgen, Kammwanderung (5 Std.) in ca. 1900 m Höhe über Rodica zur Črna prst (1844 m). Markierungen im grasigen Gelände oft schwer zu sehen, aber Wegverlauf eindeutig. Unter dem Črna prst-Gipfel Hütte Dom Zorka Jelenčiča (Übernachtung empfehlenswert). Abstieg nach Bohinjska Bistrica (512 m, 3¹/₂ Std.). Rückfahrt zur Talstation der Gondelbahn mit Bus.

Variante: Bei Übernachtung Abstieg nach Süden über Bača und Podbrdo und Rückfahrt nach Bohinjska Bistrica mit Zug.

16 Geburtsort des Triglav-Nationalparks

Wissenswertes über den Nationalpark.

17 Das Sieben-Seen-Tal

Beschreibung des Sieben-Seen-Tales und seiner Flora

18 Savica-Hütte – Sieben-Seen-Hütte

Unschwierige Bergtour; 3¹/₂ Std.; 1030 Hm. In Komarča-Wand einige leichte, felsige Passagen mit Drahtseilen gesichert; Karte 1.

Zufahrt: Vom Westende des Wocheiner Sees (Bohinjsko jezero) zur Savica-Hütte (Dom Savica, 651 m).

Wegverlauf: Unterhalb Savica-Hütte auf Brücke Savica überqueren. Wenige Minuten Fahrweg Richtung Hotel Zlatorog folgen, bis links (Tafel) Weg zur Sieben-Seen-Hütte (Koča pri Sedmerih triglavskih jezerih) abzweigt. Durch Komarča-Wand (einige Drahtseilsicherungen) steil zum siebenten Triglav-See (Črno jezero, 1340 m, 1³/₄ Std.). (Am Südufer des Sees rechts Abzweigung zur Viševnik-Alm, am Nordufer, links Abzweigung zum Komna-Haus). Weiter talaufwärts mit geringer Steigung; nach Steilstufe mündet von rechts (Süden) der Anstiegsweg von der Alm pri Jezeru ein und in kürze wird der Doppelsee (Dvojno jezero) und die Sieben-Seen-Hütte (1685 m, 1³/₄ Std.) erreicht.

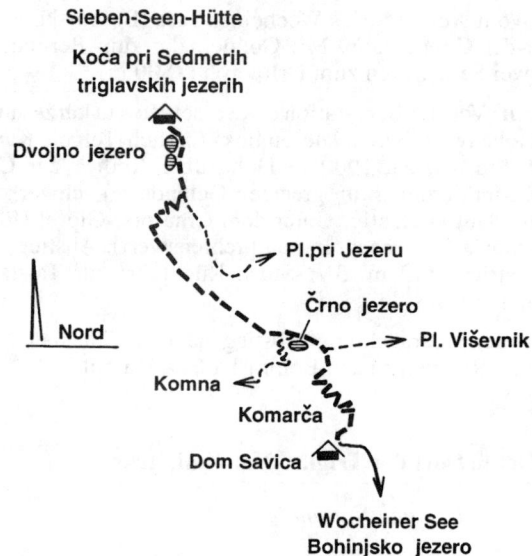

Sieben-Seen-Hütte
Koča pri Sedmerih triglavskih jezerih
Dvojno jezero
Pl. pri Jezeru
Črno jezero
Pl. Viševnik
Komna
Komarča
Dom Savica
Wocheiner See
Bohinjsko jezero
Nord

19 Blato-Alm – Sieben-Seen-Hütte

Leichte Wanderung; 3¹/4 Std.; 600 Hm; Karte 1.

Zufahrt: Von Stara Fužina am Wocheiner See zur Alm Blato (vgl. Tour Nr. 12).

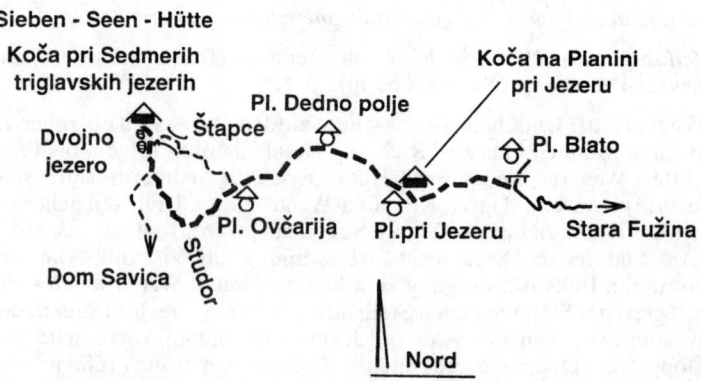

Sieben - Seen - Hütte
Koča pri Sedmerih triglavskih jezerih
Dvojno jezero
Štapce
Pl. Dedno polje
Koča na Planini pri Jezeru
Pl. Blato
Pl. Ovčarija
Pl. pri Jezeru
Stara Fužina
Dom Savica
Studor
Nord

Wegverlauf: Von der Blato-Alm (1080 m) zur Alm pri Jezeru (1450 m) aufsteigen (1 Std., vgl. Tour Nr. 12). Von hier in westlicher Richtung fast eben über die Almen Dednjo polje (1560 m) und Ovčarija (1660 m) und einen Sattel (1660 m) nördlich des Studor ins Sieben-Seen-Tal und zur gleichnamigen Hütte (Koča pri Sedmerih triglavski jezerih, 1685 m). Sehr gut markierter, bequemer Weg, 2^1/$_4$ Std.

20 Mala Tičarica

Leichte Bergtour; teilweise Schuttfelder; 4^1/$_2$ Std.; 990 Hm; Karte 1.

Zufahrt: Von Stara Fužina am Wocheiner See zur Alm Blato (1080 m, vgl. Tour Nr. 12).

Wegverlauf: Wie bei Tour Nr. 12 zur Alm pri Jezeru (1450 m, 1 Std.). Weiter in westlicher Richtung über Alm Dedno polje (1560 m) zur verfallenen Alm Ovčarija (1660 m). Von dieser Alm zweigt rechts (nördlich) der Weg zum Sattel Štapce (1851 m, 2 Std.) ab. Im Sattel Weggabelung; ein Weg führt über ein Schuttfeld hinunter zur sichtbaren Sieben-Seen-Hütte (1683 m, 20 Min.); rechts (nördlich) Weg zur Mala Tičarica. Dieser markierte Weg leitet knapp unter dem Gipfel über den Kamm weiter nach Norden; Gipfel der M. Tičarica (2071 m) von diesem Weg in wenigen Minuten zu erreichen (1/2 Std. ab Sattel Štapce). Abstieg über Štapce zur Sieben-Seen-Hütte 1 Std. Rückkehr zur Alm Blato wie bei Tour Nr. 19 beschrieben (3 Std.).

Variante: Gesamte Kammüberschreitung (beide Tičarica und Zelnarica) und Abstieg zum dritten Triglav-See (Zeleno jezero) erfordert Trittsicherheit und Übernachtung.

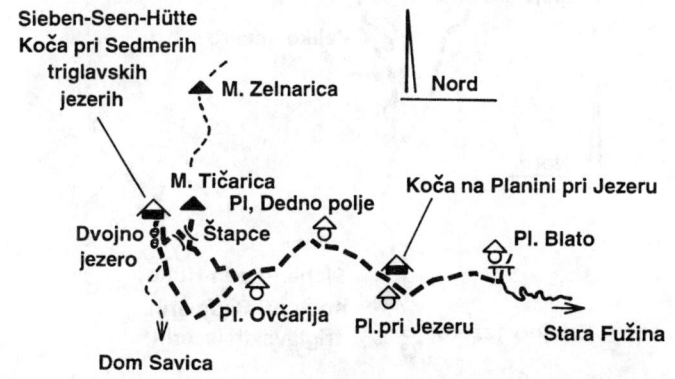

Veliko Špičje: *Unschwierige Bergtour; Trittsicherheit erforderlich;*
5 Std.; 715 Hm (ab Sieben-Seen-Hütte);
Sieben-Seen-Tal: *leichte Wanderung; 2 Std.; 388 Hm. Karten: 1, 3.*

Wegverlauf: Von der Sieben-Seen-Hütte (Koča pri Sedmerih triglavskih jezerih, 1683 m) das Sieben-Seen-Tal aufwärts; nach
1/2 Std. zweigt links (nordwestlich) Steig zu dem Veliko Špičje
(2398 m, 2–21/2 Std.) ab. Sehr steile Wiesen unter dem Gipfel erfor-
dern Trittsicherheit! Kammüberschreitung über Malo Špičje zur Prehodavci-Hütte (Zasavska koča na Prehodavcih, 2071 m) unschwierig,
Trittsicherheit erforderlich (2–21/2 Std.). Abstieg durch das Sieben-
Seen-Tal.

Variante Sieben-Seen-Tal: Von der Sieben-Seen-Hütte ohne Gipfel-
besteigung über den dritten und vierten Triglav-See (Zeleno und
Veliko jezero) zur Prehodavci-Hütte, 2 Std. Als Familientour (leichter
Weg) zu empfehlen.

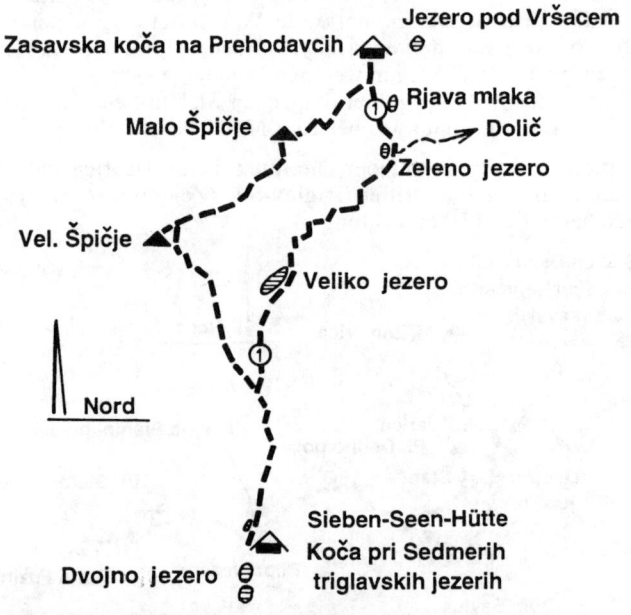

22 Kanjavec

Leichte Bergtour; viel Schutt; 1³/4 Std.; 560 Hm (ab Prehodavci-Hütte); Karten: 3, 1.

Wegverlauf: Von der Prehodavci-Hütte (Zasavska koča na Prehodavcih, 2071 m) zum zweiten Triglav-See (Rjava mlaka, 2006 m) absteigen. Gleich unterhalb des Sees Talboden verlassen und links

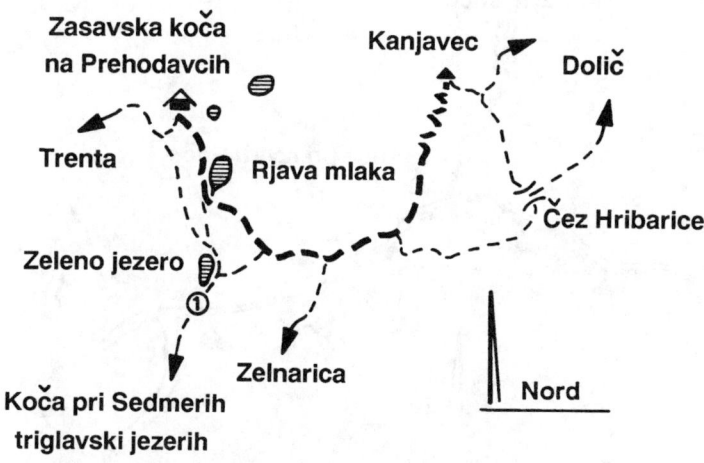

(östlich) hinauf gegen den Hribarice-Sattel (Čez Hribarice). Vor dem Sattel zweigt links (nördlich) markierter Steig ab, der über Schutt und Schrofen zum Gipfel des Kanjavec (2568 m, 1³/4 Std.) führt. Vom Sattel selbst leitet ebenfalls ein Steig zum Gipfel.

Variante: Besteigung des Kanjavec kann gut mit einer Tour durch das Sieben-Seen-Tal (vgl. Tour Nr. 21) kombiniert werden.

23 Bergbauern – bewahrte Volkskultur

Allgemeines über die Bergbauern der Trenta.

24 Zadnja Trenta – Soča-Quelle

Leichte Wanderung; 1³/4 Std. insgesamt; 200 Hm; Anstieg Soča-Quelle im obersten Teil Drahtseilsicherungen, Karten: 4, 1.

Zufahrt: Südlich des Vršič-Passes bei Kehre Nr. 49 zum Parkplatz vor der Hütte unter der Soča-Quelle (Koča pri izviru Soče).

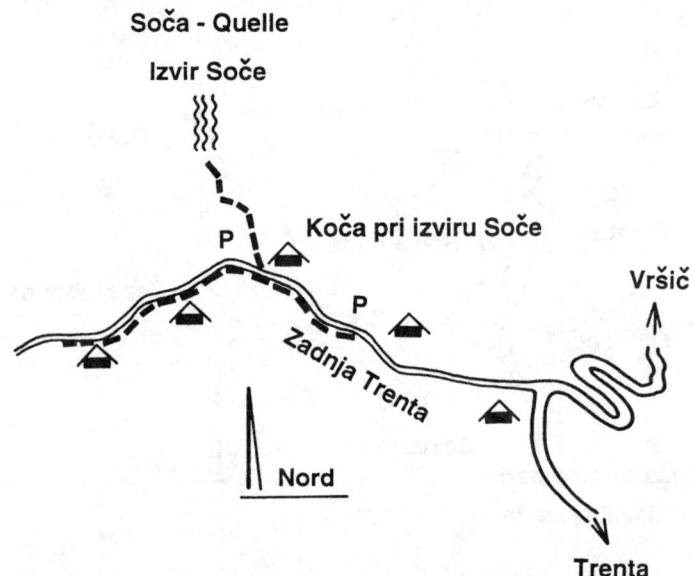

Wegverlauf: Vom Parkplatz vor Hütte (ca. 860 m) den Fahrweg ins Tal der Zadnja Trenta (ca. 920 m) folgen. Abstecher zu Einödhöfen (insgesamt 1 Std.). Von Hütte unter der Soča-Quelle Anstieg zur Quelle (ca. 1000 m, 20 Min.).

25 Julius Kugy und seine Trentaner Bergführer

a) Julius Kugy

b) Tožbar

c) Kugy-Denkmal – Alpengarten Juliana und Mlinarica-Schlucht

Leichte Wanderung; Rundweg 1¹/2 Std.; 200 Hm; Karten: 4, 1.

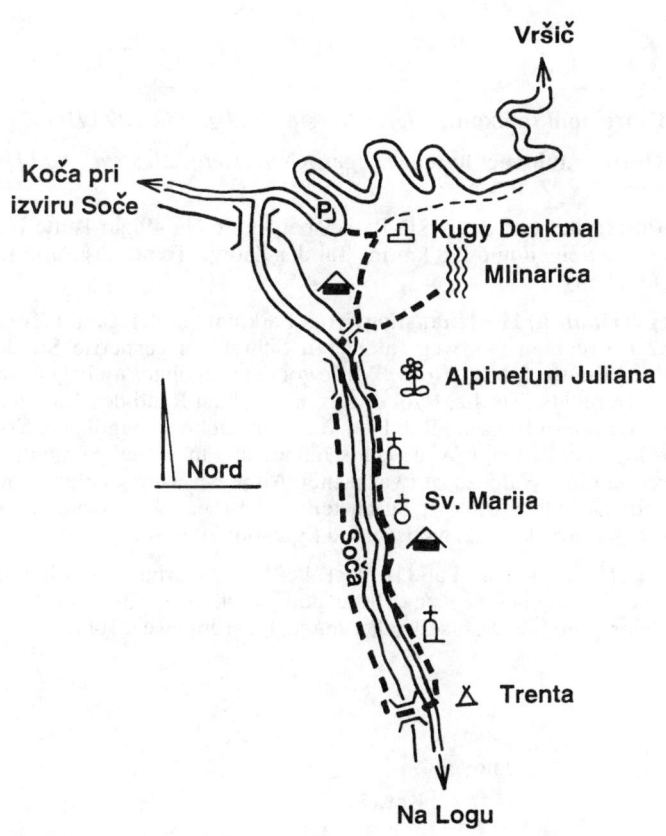

Zufahrt: Vom Vršič-Paß oder Bovec zu kleinem Parkplatz bei Kehre Nr. 48 im Süden des Vršič-Passes.

Wegverlauf: Von Kehre Nr. 48 in wenigen Minuten links (östlich) zum Kugy-Denkmal (ca. 900 m). Zu kleinem Bauernhof unter dem Denkmal und in 10 Min. hinunter zur Hängebrücke über die Soča. Hängebrücke nicht überschreiten, sondern Steig links (östlich) zur Mlinarica-Schlucht (5 Min.) folgen. Bei Retourweg Soča-Hängebrücke überschreiten und auf Straße vorbei an Alpengarten Juliana (Tafel), Bildstöcken, Kirche und Friedhof zum „Camp Trenta" (ca. 700 m, insgesamt 3/4 Std.). Auf Hängebrücke über die Soča und am westlichen Ufer zurück bis zur Straßenbrücke und über Kugy-Denkmal zum Parkplatz (3/4 Std.).

26 Jalovec

a) Hütte pod Špičkom: *leichte Bergtour; 3¹/2 Std.; 1090 Hm.*

b) Hütte – Jalovec: *unschwieriger Klettersteig; 2¹/2 Std.; 600 Hm; Karten: 4, 2, 7.*

Zufahrt: Südseite des Vršič-Passes bei Kehre Nr. 49 zur Hütte Izvir Soče abzweigen und 2,8 km ins Tal der Zadnja Trenta bis Parkplatz (Schranken).

Wegverlauf: a) Hüttenanstieg: Vom Parkplatz in der Zadnja Trenta (962 m) rechten Fahrweg (nicht mit Schranken gesperrte Straße!) einige Minuten folgen. Große Wiese vor dem Jagdhaus nicht betreten, sondern rechts (Tische, Bänke) zum nördlichen Rand des Talbodens und hier scharf links am Rand der Wiese in Richtung Jagdhaus. Noch vor Jagdhaus zweigt Weg rechts hinauf ab. In vielen Serpentinen durch steilen Wald zu verwachsener Alm; bei Weggabelung links (westlich) halten. Zuletzt durch teils schuttbedecktes Gelände zur Hütte pod Špičkom (Zavetišče pod Špičkom 2050 m, 3¹/2 Std.).

Variante: Vom Vršič-Paß (1611 m) bei Souvenierhütte westlich der Straße Transversalweg zur Hütte pod Špičkom (3–3¹/2 Std.). Unschwierig, einige Drahtseilsicherungen; Querung in ca. 1600 m Höhe.

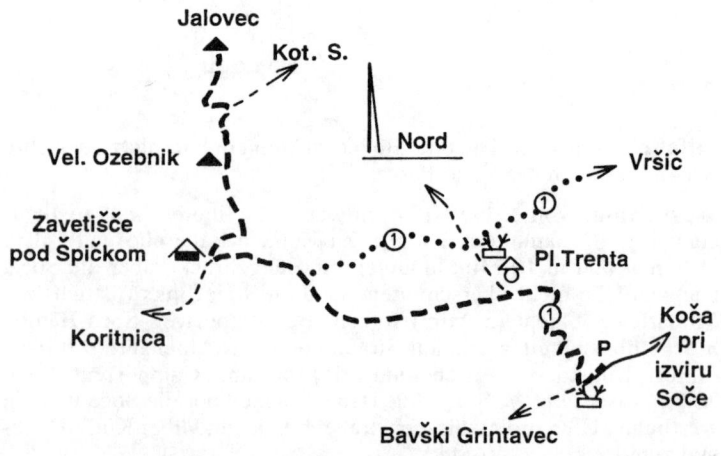

b) Hütte – Jalovec

Von der Hütte pod Špičkom 10 Min. hinunter ins Kar und zum Felsen des Veliki Ozebnik (Abkürzungswege von Zadnja Trenta und Vršič-Paß münden ein). Beginn des Klettersteiges (500 Hm); Querung durch Südostflanke des Ozebnik und kurzer Abstieg über schneebedecktes Schuttfeld zum Sattel vor dem Gipfelaufbau des Jalovec (Einmündung des Weges vom Kot-Sattel und direkten Anstieges vom Vršič-Paß). Drahtseilen und Markierungen über Schrofen, Schutt, teils plattige Felsen (Vorsicht bei Nässe!) zum Südgrat folgen. Über diesen, teils in die Flanken querend, in unschwieriger Kletterei zum Gipfel (2645 m, 2^1/$_2$ Std.).

27 Bavški Grintavec – Alm Zapotok

Alm Zapotok: unschwierige Wanderung (kurze, gesicherte Passage); 1^1/$_2$ Std.; 420 Hm.

Bavški Grintavec: sehr lange Bergtour, 4^3/$_4$ Std.; 1380 Hm; 300 Hm mäßig schwieriger Klettersteig; Karten: 4, 7, 2.

Zufahrt: Zum Parkplatz (962 m) in der Zadnja Trenta (vgl. Tour Nr. 26).

Wegverlauf: Zapotok-Alm: Mit Schranken versperrtem Fahrweg kurz folgen; sobald dieser im riesigen Schotterbett verschwindet, am rechten (nordwestlichen) Rand des Schotterbettes auf schmalem Steig 20 Min. talaufwärts. Wo Schotterbett sich auf ca. 5–6 m verengt hat, auf altem Fahrweg zur linken (südöstlichen) Seite des Schotterbettes queren, wo alter, markierter Weg deutlich sichtbar. Weg links des Schotterbettes ca. 5 Min. talaufwärts folgen, bis rechts auf Felsblock Aufschrift „B.G." und Pfeil zum unteren Ende einer Schuttrinne zeigt, die von rechts (Nordwesten) ins Tal zieht. Schotterbett wieder nach rechts in Richtung des Pfeiles überqueren, wo am linken, unteren Rand der steilen Schuttrinne der Anstieg beginnt und am rechten (nordwestlichen) Hang des Tales hinaufleitet. Markierung bis hierher sehr spärlich, später eindeutiger alter Saumpfad zur Alm Zapotok (1385 m, ab Parkplatz 1^1/$_2$ Std.). In einer Rinne, wo der Weg abgerutscht ist, sind einige Felsplatten unschwierig mit Drahtseilsicherung zu überqueren.

Bavški Grintavec: Bei der einzigen erhaltenen Almhütte (Jagdhütte) der Zapotok-Alm links halten, Bach überqueren und auf deutlichem Steig Hang des Talkessels durchsteigen. In vielen Kehren östlich eines Felsriegels empor und dann scharf nach rechts (westlich) in das riesige Schuttkar (Weg war hier durch Felssturz schwierig zu finden).

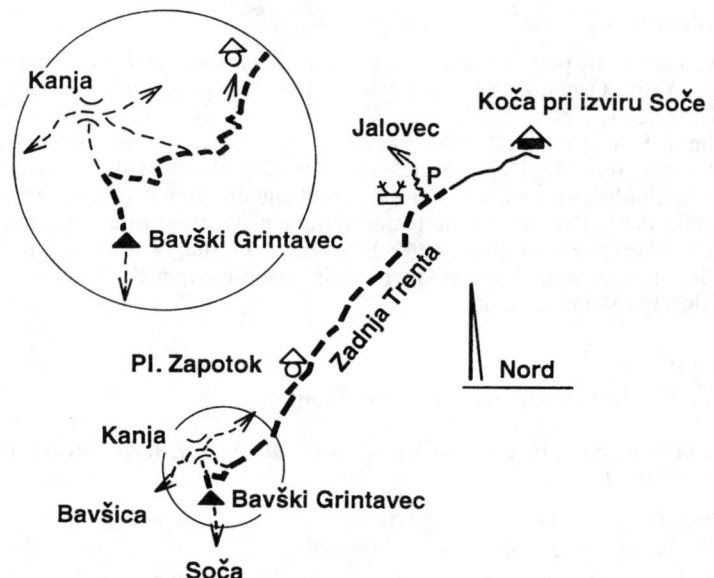

Im Schuttkar Weggabelung: Rechts in westlicher Richtung quert fast eben ein Steig zur Scharte Kanja; wir wählen den Steig, der links (südwestlich) ansteigt. Am östlichen Rand eines Felsriegels empor, dann scharf nach rechts (Westen) und durch eine mit Drahtseilen gesicherte, schrofige Rinne empor zum Nordgrat und über diesen zum kurzen Gipfelgrat. Ca. 300 Hm Klettersteig in teils sehr brüchigem Gestein (dadurch oft fehlende und beschädigte Sicherungen!) zum Bavški Grintavec (2344 m, 4 1/2–5 Std.). (Klettersteig über Kanja-Scharte und gesamten Nordgrat ist schwieriger).

28 Luknja-Paß

Leichte Bergtour; alter Saumpfad; 3 Std.; 1050 Hm; Karten: 4, 1.

Zufahrt: Von Trenta (Na Logu), gegenüber Hütte Zlatorog, auf schmaler Schotterstraße ca. 2 km zum Parkplatz im Zadnjica-Tal bis Fahrverbotsschild.

Wegverlauf: Vom Parkplatz (708 m) mit Schranken versperrtem Fahrweg bis zum Talschluß der Zadnjica (ca. 980 m, 3/4 Std.) folgen. Rechts (südwestlich) zweigt Weg zur Prehodavci-Hütte ab. Wir folgen geradeaus breitem Saumpfad über Steinbrücke in nordwestlicher

Richtung in vielen Kehren zu dem schon vom Talschluß sichtbaren Luknja-Paß. Auf Hinweistafel steht „Dolič", da Transversalweg zum Dolič-Sattel in halber Höhe rechts (südlich) abzweigt. Bei dieser Weggabelung geradeaus weiter („Luknja" auf Stein) zum Luknja-Paß (1758 m, 2¼ Std.).

29 Pogačnik-Haus – Križ-Seen

Leichte Bergtour; alter Saumpfad; 3³/4 Std.; 1340 Hm; Karten: 4, 1.

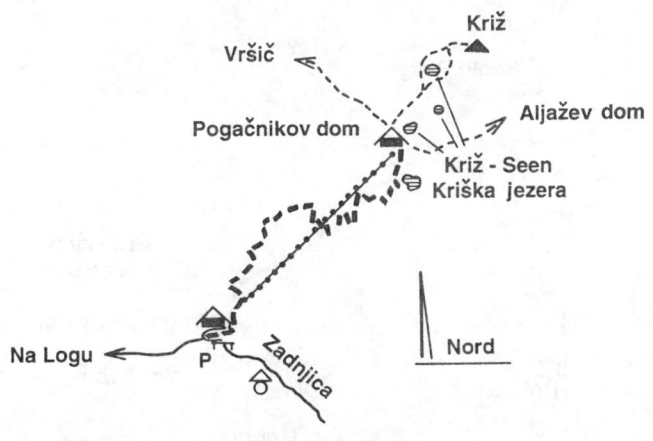

Zufahrt: vgl. Tour Nr. 28.

Wegverlauf: Vom Parkplatz (708 m) linkem Fahrweg zur Talstation der Materialseilbahn folgen und weiter den alten Saumpfad in vielen Kehren aufwärts. Unmittelbar nach einer gefaßten Quelle liegt in einer Mulde (vom Weg nicht sichtbar, aber mit wenigen Schritten zu erreichen) der Untere Križ-See (1860 m), von dem bald das Pogač-nik-Haus (Pogačnikov dom, 2051 m, 3¹/₂–4 Std.) erreicht wird. Die Hütte ist Ausgangspunkt für die Halbtagstouren Nr. 30, 31a, 31b.

30 Razor

Unschwierige Bergtour; einige gesicherte Passagen und Kletter-stellen (Trittsicherheit!); 2 Std.; 550 Hm (ab Pogačnik-Haus); Karten: 4, 1.

Wegverlauf: Vom Pogačnik-Haus (Pogačnikov dom, 2051 m, vgl. Tour Nr. 29) kurz in nördlicher Richtung in Sattel absteigen und bei Weggabelung links halten. Kurze, unschwierige, gesicherte Kletter-stelle über einen Felsriegel und über Schutt und Schrofen in den Planja-Sattel (Sedlo Planja, 2349 m). (Schon vor Erreichen des Sat-tels zweigt links Steig auf die Planja ab; Hinweis auf Felsen). Im

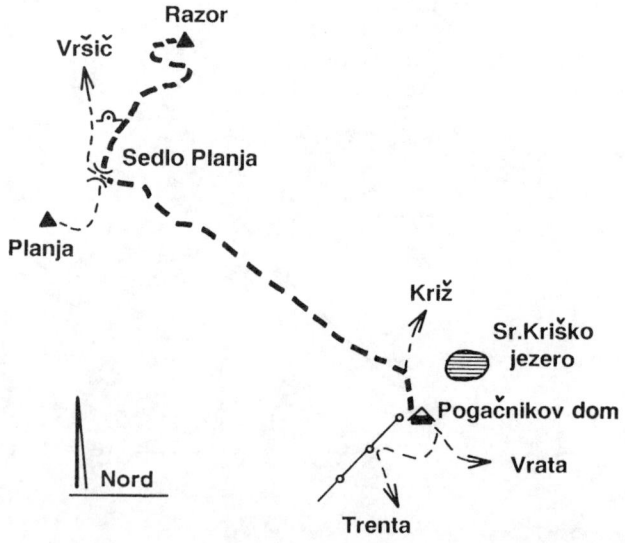

Sattel Weggabelung: Geradeaus weiter führt der Transversalweg zum Vršič-Paß, rechts hinauf der Steig zum Razor. Etwas mühsam durch eine Schuttrinne in eine kleine Scharte südlich des Razor und die Westflanke durchquerend von Norden über unschwierige Schrofen in ganz leichter Kletterei auf den breiten Westgrat und zum Gipfel (2601 m, 2 Std.).

31 Križ und Bovški Gamsovec – Kurztouren vom Pogačnik-Haus

Zufahrt und Anstieg zum Pogačnik-Haus vgl. Tour Nr. 28 und 29.

a) Križ

Unschwierige Bergtour; teils leichte Felsschrofen; 1¹/₄ Std.; 360 Hm (ab Pogačnik-Haus); Karten: 4, 1.

Wegverlauf: Vom Pogačnik-Haus (Pogačnikov dom, 2051m; vgl. Tour Nr. 29) in nördlicher Richtung kurz in Sattel absteigen und bei Weggabelung rechts. Bald nach Wassertonne (Wasserleitung vom Oberen Križ-See zur Hütte) Weggabelung: Rechts abzweigend (sehr verblaßte Markierungen, 1991) Weg direkt zum Oberen Križ-See (Zg. Kriško jezero, 2158 m). Geradeaus weiter, viel begangen, deutlich markiert, unser Weg westlich hoch über dem See (kurze, ausgesetzte Stelle, Drahtseilsicherungen). In kleine Scharte und unschwie-

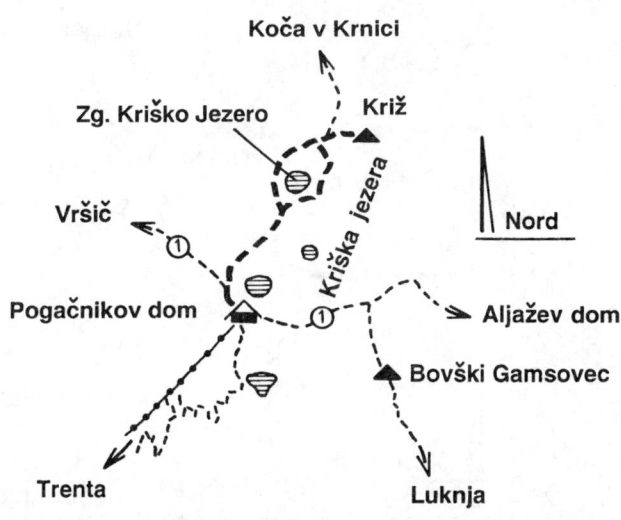

rig über Felsschrofen aufwärts. Einmündung des Steiges, der direkt zum See und dann östlich des Sees hinaufführt (als Abstiegsvariante lohnend). Weitere Weggabelung am Sattel Bovška Vratica: Links führt Weg über Križ-Wand zur Krnica-Hütte (Koča v Krnici), rechts zu einer weiteren Weggabelung. Der rechte Steig quert unter dem Križ zur Stenar-Scharte (Stenarska Vratica), der linke führt in kurzem Anstieg zum Križ-Gipfel (2410 m, 1¹/4 Std.).

b) Bovški Gamsovec

Mäßig schwieriger Klettersteig; 1¹/4 Std.; 340 Hm ab Pogačnik-Haus (150 Hm Klettersteig); Karten: 4, 1.

Wegverlauf: Vom Pogačnik-Haus (Pogačnikov dom, 2051 m, s. Tour 29) kurz in südöstlicher Richtung absteigen. Weggabelung: Rechts hinunter in Trenta, geradeaus ansteigend Transversalweg ins Vrata-Tal. (Weg zum Pihavec zweigt kurz darauf rechts ab). Nach Querung eines breiten Felsbandes, kurz bevor man zur Sovatna-Senke absteigt (¹/2 Std.), zweigt rechts (südlich) hinauf Steig zum Bovški Gamsovec ab. Zuerst über den breiten Nordgrat, dann nach rechts (westlich) in die Felswand, wo mit Drahtseilsicherungen der kurze Klettersteig beginnt. Über ein Bändersystem, durch einen mit Eisenstiften gesicherten Kamin auf den schmalen Grat und über einige kurze, ausgesetzte Stellen (Reitsitz!) in 1¹/4 Std. zum Bovški Gamsovec (2389 m).

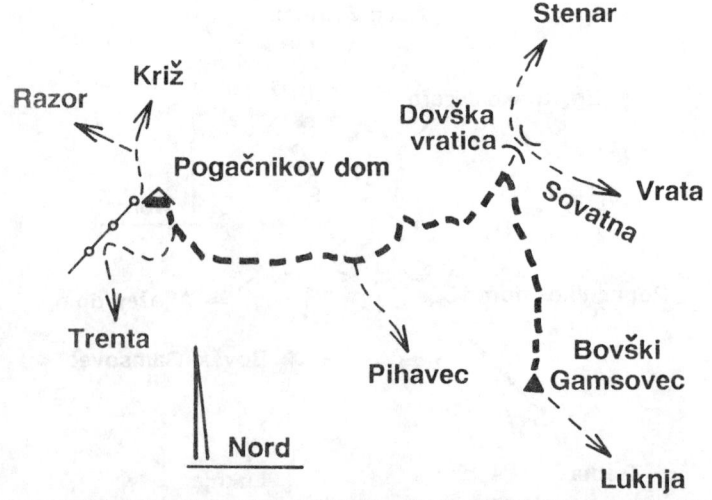

32 Zadnjica – Prehodavci-Hütte

Leichte Bergtour; einige Schuttfelder; 3¹/₂ Std.; 1340 Hm;
Karten: 4, 1.

Zufahrt und Wegverlauf bis Talschluß Zadnjica vgl. Tour Nr. 28.

Wegverlauf: Vom Parkplatz im Zadnjica-Tal ³/₄ Std. in den Talschluß
(ca. 980 m). Am Ende des befahrbaren Teiles der Schotterstraße
zweigt rechts (südwestlich) Weg zu dem schon sichtbaren Sattel Čez
Dol (1632 m) ab. In vielen Kehren, vorbei an einer Quelle, teils über
Schuttfelder jüngerer Felsstürze zum Sattel. Hier Weggabelung (Hinweis auf Felsblöcken): Geradeaus zum Saumpfad aus der Trenta,
links hinauf Abkürzungssteig, der bald in gebauten Kriegsweg von
der Trenta zur Prehodavci-Hütte (Zasavska koča na Prehodavcih,
2050 m, 2¹/₂–3 Std.) mündet.

Variante: Abstieg Čez Dol – Lepoč-Alm – Trenta (620 m) 3–4 Std.,
bequemer Saumpfad. Zurück zum Parkplatz im Zadnjica-Tal aller-
dings noch 3 km Straße.

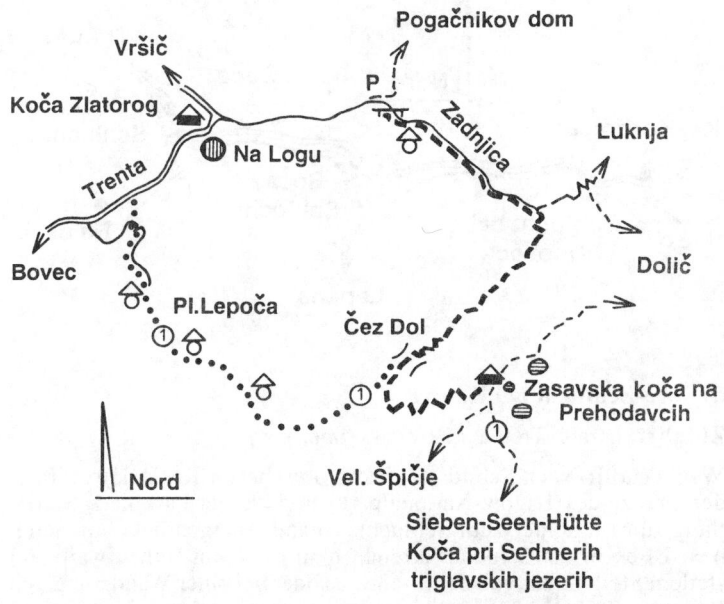

a), b) Sehenswürdigkeiten an der Straße

c) Soča-Schluchten beim gleichnamigen Ort

Zufahrt: Straße von der Trenta (Na Logu) Richtung Bovec (Zugänge direkt von der Straße, 5–10 Min.).

Wegverlauf: Oberhalb des Ortes Soča bei Schild „11,5 km" zweigt Straße nach Vas na Skali ab. Von Brücke über Soča (daneben einige Parkplätze) schöner Blick in die Soča-Schlucht (Mala Korita).

Unterhalb des Ortes Soča bei letzten Häusern (Schild „14,0 km") beginnt weitere Schlucht „Velika Korita". Schöner Blick von Hängebrücke und kurzem Steig, der östlich der Brücke flußabwärts führt. Den sehenswerten Schluchtausgang erreicht man, wenn man einige 100 m der Straße ins Lepenja-Tal folgt und zur Soča absteigt.

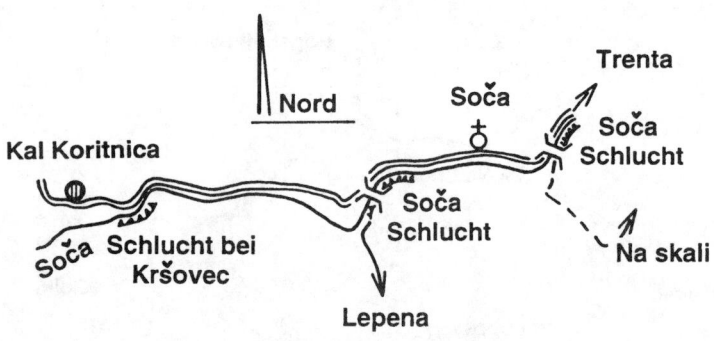

d) Soča-Schlucht bei Kršovec

Zufahrt: Straße Trenta – Bovec (s. oben).

Wegverlauf: Nach Schild „19,5 km" in scharfer Rechtskurve Tafel der Grenze des Triglav-Nationalparks und kleiner Parkplatz. Steiler Steig führt hinunter zum Schluchtausgang. Hängebrücke mit schönem Blick in die Schlucht erreicht man ca. 1 km flußaufwärts auf steilem Steig direkt von der Straße aus oder bei einer Wanderung von Bovec (s. Tour Nr. 37).

34 Predil-Paß – Log pod Mangrtom

Sehenswürdigkeiten an der Straße

35 Koritnica- und Možnica-Schluchten

*Kurze Wanderungen von der Straße; je $^{1}/_{4}$ Std.; 100 Hm;
Karten: 7, 2.*

Zufahrt: Straße Predil-Paß – Bovec.

Wegverlauf:

Obere Koritnica-Schlucht: Vom Predil-Paß talwärts fahrend hat
man bei Tafel „9,0 km" von der Straßenbrücke über die Koritnica
einen schönen Blick in die Schlucht.

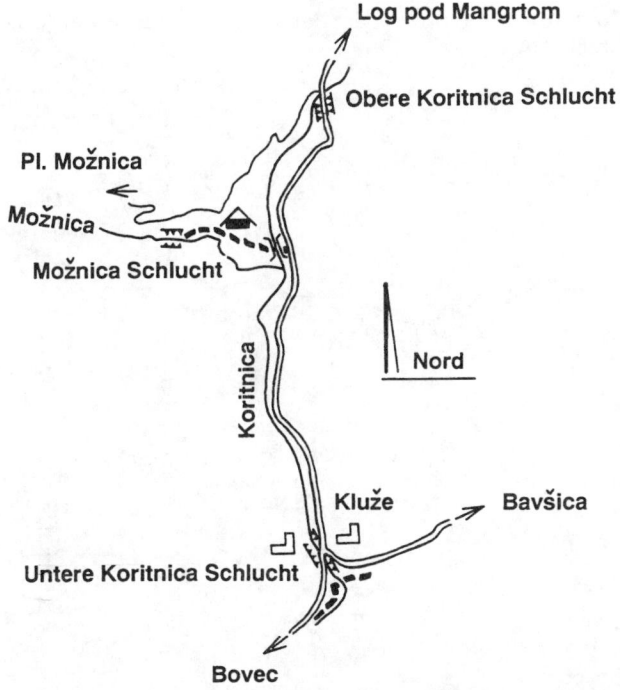

Možnica-Schlucht: Nach Tafel „10,5 km" die Koritnica auf einer Hängebrücke überqueren. Nicht rechts dem markierten Steig folgen, sondern geradeaus am Bauernhaus vorbei in wenigen Minuten zur Brücke über die Možnica-Schlucht.

Untere Koritnica-Schlucht: Bei der Festung Kluže (Tafel „12,5 km") von der Straßenbrücke schöner Blick. Schluchtausgang erreichbar, wenn man von der Festung Kluže einige 100 m talabwärts fährt, wo sich links (östlich) am Ende der Straßenbegrenzungsmauer kleiner Parkplatz befindet. Von diesem steil hinunter zur Koritnica und flußaufwärts zum Schluchtausgang ($^1/_4$ Std.). Wanderung flußabwärts ebenfalls lohnend.

36 Festung Kluže – Bavšica-Tal

a) Festung Kluže; *leichte Wanderung;* $^1/_2$ *Std.; 120 Hm; Karten: 7, 2.*

Zufahrt: Straße von Bovec oder Predil-Paß; untere Festung direkt an der Straße.

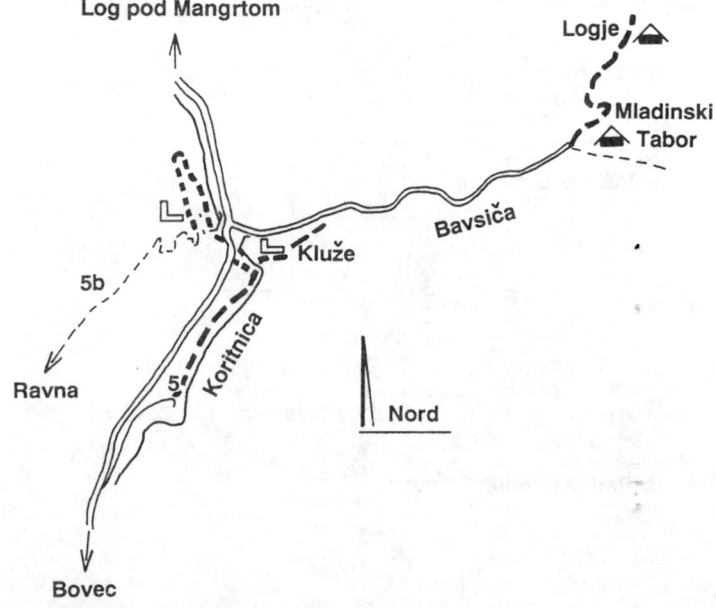

Wegverlauf zur oberen Festung: Von der unteren Festung (532 m) wenige Schritte talabwärts bis zur Grenztafel des Triglav-Nationalparks am rechten (westlichen) Straßenrand. Vor sich in der Felswand, westlich der Straße, erblickt man eine lange Reihe rostiger Eisenklammern (vom Anstieg zur oberen Festung (650 m) über diese teils wackligen Klammern ist abzuraten!). Normaler Anstieg führt unter der Felswand flußaufwärts durch einen Tunnel (Taschenlampe) und in weitem Bogen zurück zur oberen Festung (Weg Nr. 5b, ¹/₂ Std.).

b) Bavšica-Tal: *leichte Wanderung; ¹/₂ Std.; 150 Hm; Karten: 7, 2.*

Zufahrt: Von der Festung Kluže 4 km in den Talgrund des Bavšica-Tales (bei Straßengabelung Parkplätze).

Wegverlauf: Bei Straßengabelung im Talgrund (701 m) linken (nordöstlichen) Fahrweg, vorbei an Quelle (Betontrog), kurz folgen, bis links (Markierung auf Felsblock) alter Almweg abzweigt. Diesen ca. ¹/₂ Std. nach Logje (letzter Bauernhof, ca. 825 m) in Richtung Jalovec folgen.

37 Bovec

a) Flußwanderung Soča – Koritnica

Leichte, ebene Rundwanderung; 2¹/₂–3 Std.; Karten: 5, 2.

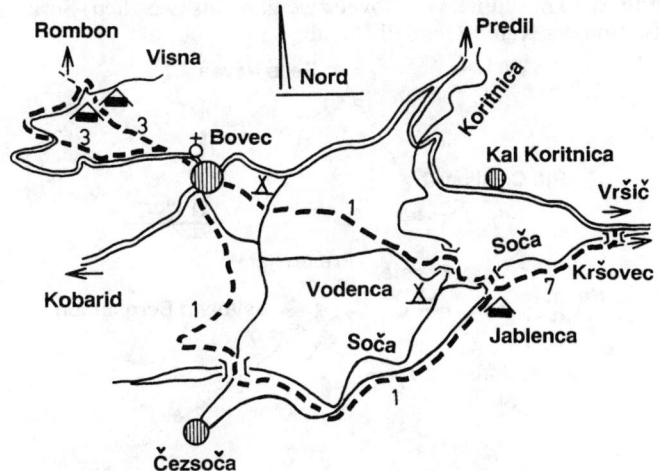

Zufahrt: Über Predil- oder Vršič-Paß nach Bovec.

Wegverlauf: Von Bovec (Hotel Kanin) Rundweg Nr. 1 in Richtung Čezsoča; sofort nach der Brücke über die Soča links abzweigen; erst Fahrweg, dann Fahrstraße (ca 1 1/2 Std.) am östlichen Ufer flußaufwärts (bei Kreuzung links halten!) bis zu den Bauernhäusern von Jablenca (Tafel, Fahrverbot) folgen. Von hier 20 Min. Weg Nr. 7 flußaufwärts (vorbei an 2 Hängebrücken) und bei Kršovec-Schlucht auf Steig links abzweigen zur Hängebrücke. Zurück nach Jablenca, Soča auf Hängebrücke überqueren und Rundweg Nr. 1 über Koritnica-Brücke und Camp Vodenca zurück nach Bovec (1 Std.).

b) Höhenwanderung über Bovec

Leichte Rundwanderung; 1 Std.; 210 Hm; Karten: 5, 7, 2.

Wegverlauf: Von der Pfarrkirche in Bovec (460 m) Weg Nr. 3 in Richtung Rombon. Beim letzten Bauernhof von Visna (670 m) und Quelle (Betontrog) Fahrweg links in südöstlicher Richtung folgen und nach einer Kehre zurück nach Bovec. Verlängerung der Wanderung über das Dorf Plužna (Weg Nr. 2) lohnend.

38 Kanin

Mäßig schwierige Bergtour, einige kurze, versicherte Kletterstellen; 2 3/4 Std.; 390 Hm; Karten: 5, 7, 2.

Zufahrt: 1 km südlich von Bovec zweigt rechts (westlich) Straße zur Talstation der Kanin-Gondelbahn ab.

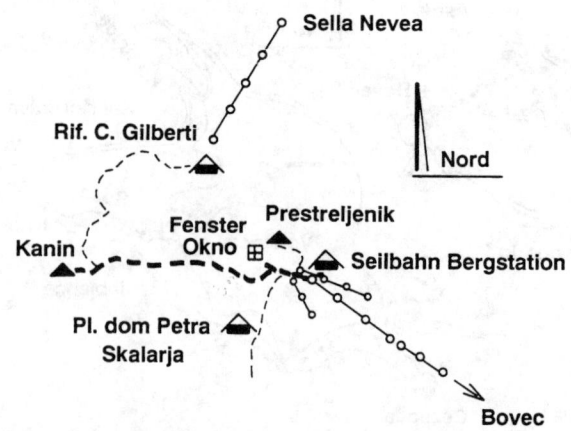

Wegverlauf: Auffahrt mit Gondelbahn; von Bergstation (2202 m) links unterhalb des Felsgrates nach Westen. Aufschrift „Okno" auf Felsen kennzeichnet kurzen Abstecher zum Prestreljenik-Fenster. Im letzten Wegabschnitt sind auf dem Grat einige felsige Absätze unschwierig und gut gesichert zu durchklettern. Über den Grat in 2³/4 Std. zum Kanin-Gipfel (2587 m).

39 Rombon

Sehr lange Bergtour; 5 Std.; 1730 Hm; im Hochsommer sehr heiß; Karten: 5, 7, 2.

Zufahrt: Über Predil- oder Vršič-Paß nach Bovec.

Wegverlauf: Von der Pfarrkirche in Bovec (483 m) kurz die Straße aufwärts, dann rechts (südwestlich) abzweigen. Nach letztem Bauernhaus (¹/2 Std.) wenige Schritte auf einer Fahrstraße bis rechts bei einer Quelle (Betontrog) Schuttsteigerl steil hinauf abzweigt. Auf altem Kriegssteig zur Goričica-Alm (1330 m, unbewirtschaftet) und

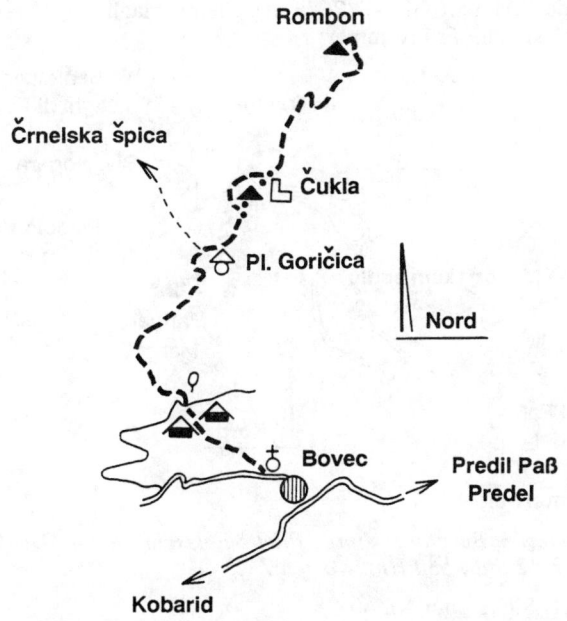

im Karstgelände, einen Felsriegel querend, auf den Rombon (2208 m, 4¹/₂ Std.). Gipfelanstieg steil und mühsam (Schutt und Schrofen); Teilanstieg lohnend.

40 Mangart

a) Slowenischer Klettersteig

Unschwieriger Klettersteig; 2 Std.; 680 Hm (300 Hm Klettersteig); Karten: 7, 2.

Zufahrt: Von Tarvis auf den Predil-Paß; 1,5 km nach dem Paß (Slowenien) links (nordöstlich) abzweigen; 11 km auf grobschottriger Straße (Hinweisschild „Mangart") zu Sattel unter dem Mangart.

Wegverlauf: Vom höchsten Punkt der Straße (ca. 2000 m) nach Osten in einen Sattel (20 Min.) zwischen Travnik und Mangart. Hier Weggabelung; rechts (südlich) quert der Steig (Bezeichnung „Slov. Smer" auf Stein) über ein Schuttfeld zum Einstieg des slowenischen Klettersteiges; geradeaus (südöstlich) ansteigend verläuft der Normalweg. Der Klettersteig leitet gut markiert und gesichert, teils ausgesetzt zum Mangart-Gipfel (2678 m). Steinschlaghelm, Vorsicht bei Schneeresten im Frühsommer!

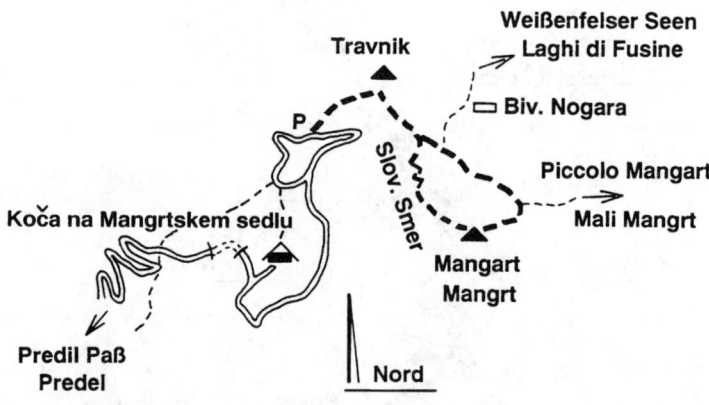

b) Normalweg

Unschwierige Bergtour; einige flache Felsschrofen mit Drahtseilen gesichert; 2 Std.; 680 Hm; Karten 7, 2.

Zufahrt: Siehe Tour Nr. 40a.

Wegverlauf: Wie bei Tour Nr. 40a in den Sattel; bei Weggabelung geradeaus (südöstlich); teils kurze unschwierige, gesicherte, felsige Passagen, teilweise Firnfelder (Vorsicht bei Firnfeldern an exponierten Stellen im Frühsommer!). In weitem Bogen zuletzt in westlicher Richtung auf den Gipfel (2678 m, 2 Std.). Beim Abstieg auf Markierung achten, nicht zu früh links (nördlich) abzweigen!

41 Schluchten und Wasserfälle im südlichen Soča-Tal

a) Boka-Wasserfall

Leichte Wanderung zu Aussichtsplatz; 3/4 Std.; 250 Hm;
Boka-Quelle (Wasserfall-Ursprung) unschwierige Bergtour (Drahtseilsicherungen); 1 1/2 Std.; ca. 500 Hm; Karten: 5, 2.

Zufahrt: Von Bovec 7,5 km talabwärts; nach langer Straßenbrücke („Most Boka") links an der Straße Parkplatz bei Jausenstation.

Wegverlauf: Am südwestlichen Ende der Brücke (350 m) gegenüber der Jausenstation beginnt markierter Weg zu einem Aussichtsplatz gegenüber dem Wasserfall. Zunächst am Rand des Schotterbettes, dann über eine Geröllstufe und auf der linken (südwestlichen) Kante des Schluchtrandes hinauf zum Aussichtsplatz (ca. 600 m) (Steig führt weiter zur Alm).

Unmittelbar vor der Brücke „Most Boka" (von Bovec kommend) leitet am gegenüberliegenden, nordöstlichen Rand des Schotterbettes ein ebenfalls markierter Steig direkt zur Boka-Quelle, dem Ursprung des Wasserfalles (ca. 900 m, 1 1/2 Std.). Steig teilweise ausgesetzt, Schwindelfreiheit und Trittsicherheit erforderlich. Im obersten Teil ca. 100 Hm Abstieg zur Quelle in felsigem Gelände (Drahtseile).

b) Große Soča-Schlucht

Leichte, ebene Wanderung; 1/2 Std.; Karten: 5, 2.

Zufahrt: In dem Ort Trnovo ob Soči, an der Straße Bovec – Kobarid, zweigt eine schmale Straße (Schild „Kajak") links (nördlich) zum Soča-Ufer ab.

Wegverlauf: Wanderung am Ufer flußaufwärts bis Hängebrücke (1/2 Std.); Überquerung der Brücke und Wanderung am gegenüberliegenden Ufer flußabwärts möglich).

c) Kozjak – Wasserfall

Leichte Wanderung; 1/2 Std.; 100 Hm; Karte: 2.

Zufahrt: Von Kobarid Richtung Drežnica; $^1/_2$ km nach der Soča-Brücke (210 m) links (nördlich) auf Fahrweg (Schild „Slap") abzweigen (Parkmöglichkeit).

Wegverlauf: Das Soča-Tal flußaufwärts und dann nordöstlich dem kleinen Nebenfluß Kozjak zum Wasserfall folgen (Slap, $^1/_2$ Std., 310 m).

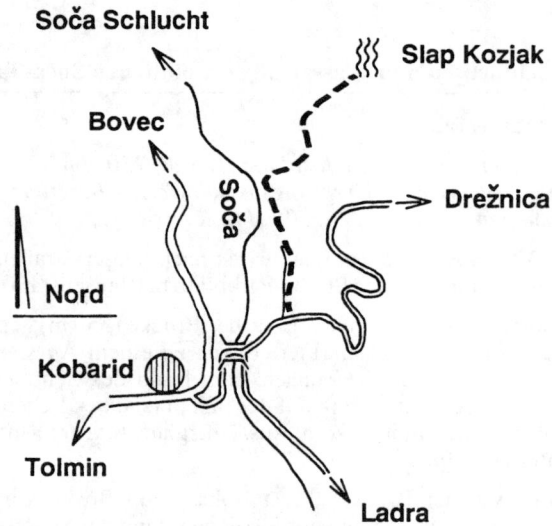

42 Almen des Krn – Lebensgrundlage vieler Bergbauern

Beschreibung der Krn-Almen.

43 Krn – berühmter Aussichtsberg

a) Krn von Nordosten über den Krn-See

Leichte, sehr lange Bergtour; $4^3/_4$ Std.; 1570 Hm; Übernachtung auf Krn-Seen-Hütte empfehlenswert;
Krn-See ($2^1/_4$ Std., 720 Hm) lohnende Wanderung; Karte: 2.

Zufahrt: Vom Vršič-Paß oder Bovec in das Soča-Tal. 2 km unterhalb des Ortes Soča zweigt Fahrstraße in das Lepena-Tal zur Hütte Dr. Klementa Juga ab.

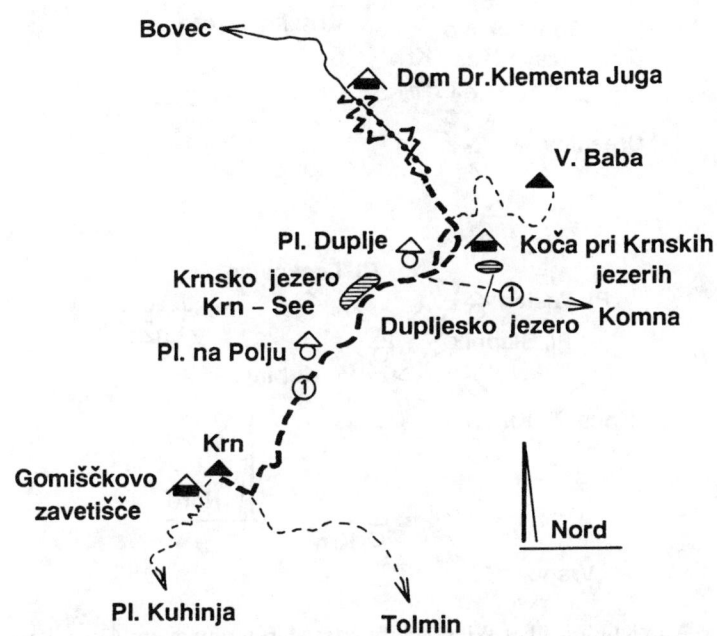

Wegverlauf: Von der Dr. Klementa Juga-Hütte (680 m) auf alter Kriegsstraße (teils Abkürzungen) zur Hütte an den Krn-Seen (Koča pri Krnskih jezerih, 1370 m, 2 Std.). Südwestlich der Hütte Weggabelung: Links (östlich) zum Komna-Haus und rechts zum Krn-See (Krnsko jezero, 1395 m, 10 Min.). Der Weg zum Krn-Gipfel führt ansteigend an dem Südost-Ufer des Sees entlang zur Alm na Polju und über Karstgelände zu einer Scharte östlich des Gipfels. Über den Ostgrat unschwierig zum Krn-Gipfel (2245 m) und der unmittelbar unter dem Gipfel liegenden Krn-Hütte (Gomiščkovo zavetišče na Krnu, 2200 m, 2¹/₂ Std.).

b) Krn von Süden über die Krn-Almen

Leichte Bergtour; 3¹/₂ Std.; 1240 Hm; Karte: 2.

Zufahrt: Von Kobarid nach Vrsno, weiter auf sehr schmaler Bergstraße zum Bergdorf Krn (840 m) und steiler, grobschottriger Straße zum Parkplatz vor der Alm Kuhinja.

Wegverlauf: Vom Parkplatz vor der Alm Kuhinja (1004 m) den linken Fahrweg (unterhalb der Tafel der Triglav-Nationalparkgrenze) kurz folgen, dann rechts (nördlich) auf dem markierten Steig westlich

der Alm Kuhinja über Wiesen aufwärts. Markierungen im Almgelände oft schwer zu sehen, aber Wegverlauf eindeutig. Hinauf zu den von unten sichtbaren gemauerten Steinhäusern der Alm Slapnik (1300 m). Rechts (östlich) vorbei an der Alm Zaslap (1475 m) und in vielen Kehren durch den steilen Südhang auf den Krn-Gipfel (2245 m, 3¹/₂ Std.) und zu der unmittelbar unter dem Gipfel liegenden Krn-Hütte (Gomiščkovo zavetišče). Ideale Frühlings- und Herbsttour (auch Schitour); im Hochsommer sehr heiß.

44 Tolminka- und Zadlaščica-Schluchten

Unschwierige Wanderung; Rundweg 1 Std., an einigen Stellen versichert; 100 Hm; Karte: 2.

Zufahrt: Von Tolmin nach Zatolmin und am Ortsbeginn rechts (östlich, Wegweiser) auf schmaler Straße zu Parkplatz mit Informationstafel.

Wegverlauf: Gute Übersicht auf der Informationstafel am Parkplatz (ca. 240 m) vor Schluchteingang. Rundweg mit Abzweigungen (1 Std.).

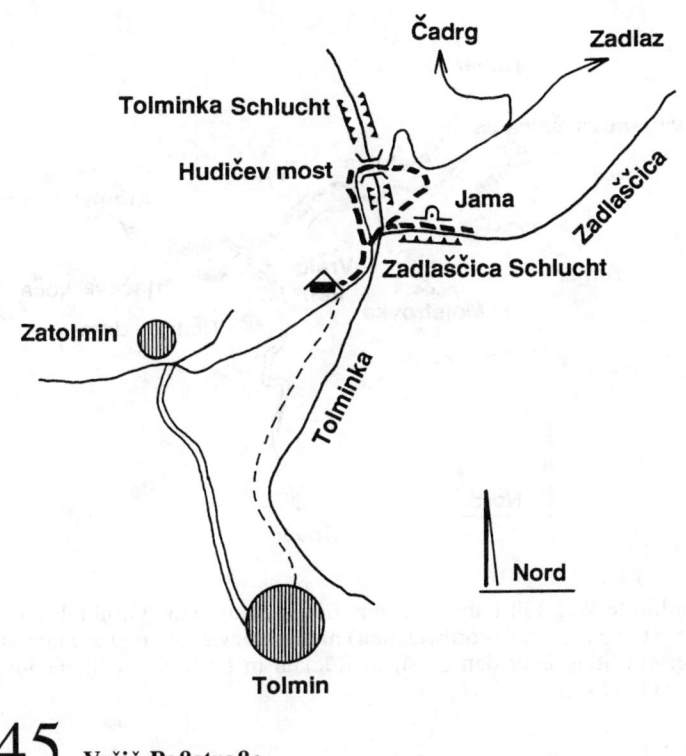

45 Vršič-Paßstraße

Beschreibung der Sehenswürdigkeiten an der Paßstraße.

46 Sleme

Unschwierige Wanderung; 1¹/2 Std.; 300 Hm; Karten: 6, 2.

Zufahrt: Von Kranjska Gora auf den Vršič-Paß.

Wegverlauf: Von der Scheitelhöhe der Paßstraße (1611 m) am westlichen Straßenrand zunächst fast parallel zur Straße nach Norden; dann ansteigend (von rechts Einmündung des Steiges von der Erjacev-Hütte) in den Sattel (Vratica, 1807 m, ³/4 Std.) nordöstlich der Mojstrovka. Im Sattel Weggabelung: Links (südwestlich) hinauf zum Klettersteig auf die Mojstrovka; geradeaus (westlich) unter den Wänden der Mojstrovka querend zum Sattel Slatnica (¹/2 Std.). Der

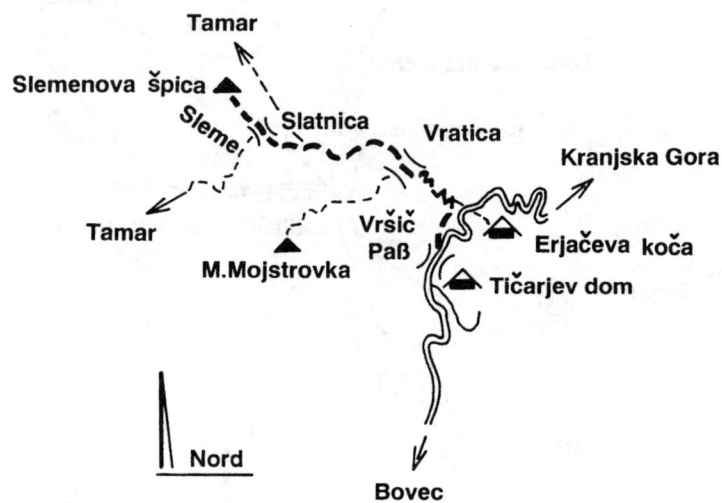

markierte Weg führt abwärts zum Tamar-Haus. Zum Gipfel des Sleme-Rückens rechts (nordwestlich) hinauf abzweigen und auf unmarkiertem Steig über den grasigen Rücken in $1/4$ Std. zur Slemenova špica (1911 m).

47 Mojstrovka

a) Klettersteig

Mäßig schwieriger Klettersteig; $2^1/2$ Std.; 720 Hm; Karten: 6,2.

Zufahrt: Von Kranjska Gora auf den Vršič-Paß (1611 m).

Wegverlauf: Wie bei Tour Nr. 46 in den Sattel nordöstlich der Mojstrovka (Vratica, 1807 m, $3/4$ Std.). Im Sattel den linken, breit ausgetretenen Weg über Schuttfeld zum Einstieg (großer roter Punkt auf Felsen) wählen ($1/4$ Std.). Auf Schuttfeld vor dem Einstieg meist bis Frühsommer Firnfeld (Pickel!). Klettersteig (320 Hm) teilweise ausgesetzt, aber gut gesichert und markiert. Durch steile, kaminartige Rinnen und über Bänder in flacheres Gelände und über Blockwerk und Schrofen auf den Gipfel der Mala Mojstrovka (2332 m, $1^1/2$ Std.). Genußreiche Kletterei, Steinschlaghelm empfehlenswert. Abstieg Normalweg (Nr. 47b).

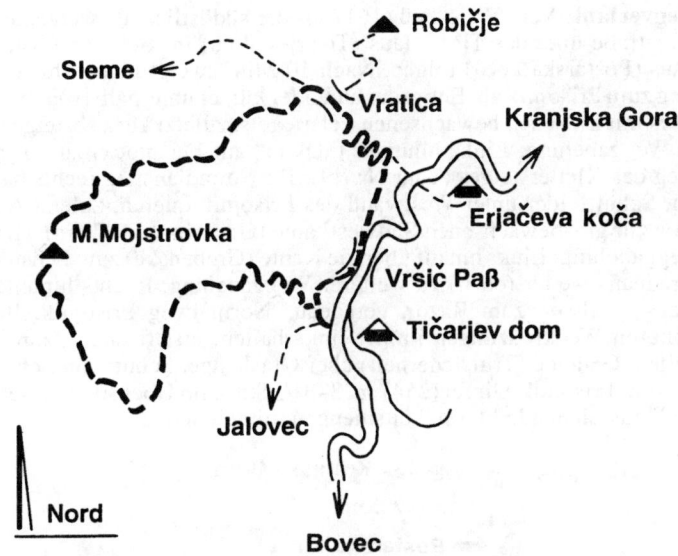

b) Normalweg

Leichte Bergtour; 2¹/₂ Std.; 720 Hm; viel Schutt; Karten: 6, 2.

Zufahrt: Vgl. Tour Nr. 47a.

Wegverlauf: Anstieg beginnt auf dem Vršič-Paß (1611 m) bei kleinem Souvenierkiosk, gegenüber der Auffahrt zum Tičar-Haus (Tičarjev dom). Westlich der Straße in einem Bogen um eine kleine Mulde unter dem Kiosk (Aufschrift „Mojstrovka" auf Stein) und gut markiert in Kehren zu dem Sattel (1983 m) über dem steilen Schuttfeld, das zum Paß hinunterzieht. Im Sattel rechts (nördlich) halten und über den breiten Südhang (im oberen Teil durch viel Schutt mühsam) auf den Gipfel der Mala Mojstrovka (2332 m, 2¹/₂ Std.). Abstieg kann wesentlich verkürzt werden durch eine „Abfahrt" über das steile Schuttfeld direkt zum Paß.

48 Prisojnik

a) Normalweg

Unschwierige Bergtour; 3¹/₄ Std.; 940 Hm; teilweise Schutt und Schrofen (Trittsicherheit); Karten: 4, 1.

Zufahrt: Von Kranjska Gora auf den Vršič-Paß.

Wegverlauf: Vom Vršič-Paß (1611 m) der südöstlich abzweigenden Fahrstraße über das Tičar-Haus (Tičarjev dom) in Richtung Poštar-Haus (Poštarska koča) folgen. Nach 10 Min. zweigt rechts (hinauf) Weg zum Prisojnik ab. Entweder auf, oder kürzer unterhalb (westlich) eines mit Latschen bewachsenen Felsriegels, zuletzt kurz absteigend zu Weggabelung: Links hinunter („Okno" auf Felsblock) zum Einstieg des Klettersteiges (Tour Nr. 49); für Normalanstieg rechts halten, Schuttfelder unter Westwand des Prisojnik queren, zuletzt Anstieg zur grasbewachsenen Südwestkante (Gladki rob, 1870 m). Hier Weggabelung: Links hinauf über die Kante (Grebenska) zum Fenster; geradeaus weiter (eben) zu weiterer Weggabelung: Rechts hinunter Transversalweg zum Razor, geradeaus Normalweg Prisojnik. Bei weiteren Wegkreuzungen immer links halten; erst flacher, dann in steilem Gelände (Trittsicherheit) über Grashänge, Schutt und Schrofen zum Prisojnik-Gipfel (2547 m, 3–3 1/2 Std.). Im Hochsommer sehr heiß, ausreichende Flüssigkeitsmengen mitnehmen!

b) Variante über Westgrat

Unschwieriger Klettersteig; 3 1/4 Std.; 940 Hm; Karten: 4, 1.

Wegverlauf: Anstieg zur Gladki rob wie bei Normalweg (Nr. 48a). Bei Weggabelung links hinauf (Grebenska) zum Prisojnik-Fenster abzweigen. In Serpentinen über steile Wiesen die Südwestkante hinauf, dann rechts zum Fenster (2270 m), durch das die „Fensterroute" (Tour Nr. 49) heraufkommt, queren. Hier beginnt unschwieriger Klettersteig (270 Hm) über den Westgrat zum Gipfel. Zunächst über einen schrofigen Absatz, dann ausgesetzt über den Grat mit einigen kurzen Kletterstellen zum Prisojnik (2547 m, 3–3 1/2 Std.).

Schwieriger Klettersteig; 4 Std.; 1040 Hm; Karten: 6, 4, 1.

Zufahrt: Von Kranjska Gora auf den Vršič-Paß.

Wegverlauf: Vom Vršič-Paß (1611 m) ca. 20 Min. auf Normalweg (vgl. Tour Nr. 48a) zur beschriebenen Weggabelung. Hier links (nord-östlich) bei Felsblock mit Aufschrift „Okno" abzweigen und das Kar ca. 100 m absteigen zu dem rechts am Fuß der Felswand deutlich sichtbarem Einstieg (Drahtseil, Tafel). (Einmündung des Weges von der Erjačev-Hütte). Den Sicherungen folgen, Wegverlauf eindeutig, schwieriger Klettersteig (700 Hm, Seil für weniger Geübte anzuraten). Schlüsselstelle ist ein senkrechter Kamin und ein ausgesetztes, enges Kriechband (am äußeren Rand des Kriechbandes bleiben, Rucksack vor sich herschieben oder mit Seil aufziehen). Bis Fenster-ausstieg (2270 m) 2¹/₂ bis 3 Std. Vom Fenster wie bei Tour Nr. 48b beschrieben über den Westgrat auf den Prisojnik-Gipfel 2547 m (1 Std.) oder gleich über die Kante (Gladki rob, Tour Nr. 48b) absteigen. Vom Prisojnik-Gipfel auch Abstieg auf Normalweg (Tour Nr. 48a, als Variante eingezeichnet) möglich.

50 Jubiläumsweg

Mittelschwerer Klettersteig; sehr lange, hochalpine Überschreitung; Rundweg 9 Std.; ca. 1250 Hm; (Klettersteig ca. 270 Hm + Überschreitung).

Zufahrt: Von Kranjska Gora zum Vršič-Paß (1611 m).

Wegverlauf: Wie bei Tour Nr. 48b (oder Nr. 48a, Nr. 49) auf den Prisojnik-Gipfel (2547 m, 3–4 Std.). Der Jubiläumsweg beginnt ca. 60 m unter dem Gipfel und führt über den Verbindungsgrat, der ostwärts gegen den Hinteren Prisojnik (Zadnji Prisojnik) und Razor zieht. Den Prisojnik-Normalweg ca. 10 Min. absteigen, bis in einer Scharte vor dem Verbindungsgrat der Steig beginnt (im Zweifelsfalle links in unmittelbarer Nähe der Kante zu den Nordwänden halten). Weiterer Verlauf eindeutig.

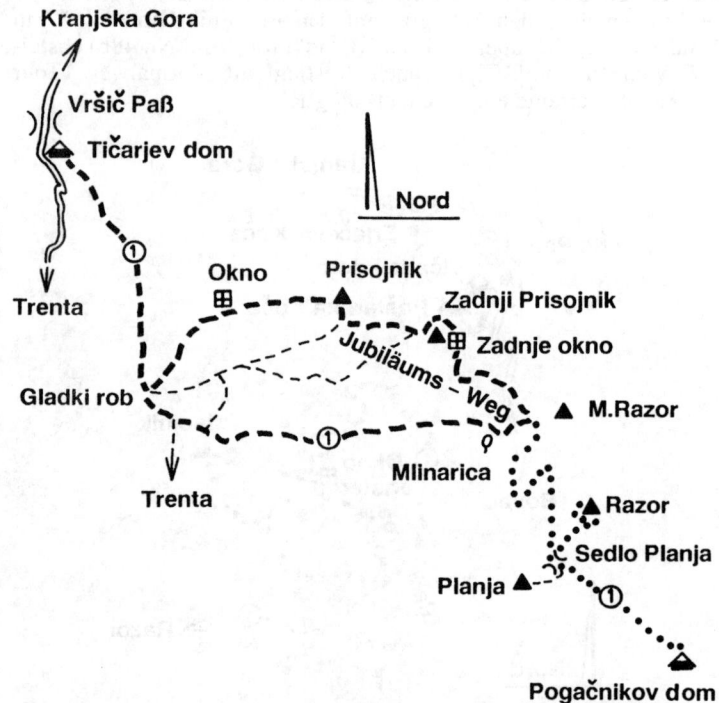

Querung der schuttbedeckten Südflanke, gesicherter Abstieg durch Rinne, Querung in der Nordflanke des Verbindungsgrates, zurück in die Südflanke und Abstieg über Bänder. Am tiefsten Punkt des Bändersystems mündet von Südwesten Steig ein, der vom Prisojnik-Normalweg heraufzieht (verkürzter Anstieg zum Hinteren Prisojnik-Fenster!). Erneut Querung in die Nordflanke, sehr ausgesetzte Bänder und Durchschreitung des Hinteren Prisojnik-Fensters (Zadnje okno). Über steile Felsrinnen (Steinschlaghelm!), Bänder und zuletzt durch fast senkrechte, gut gesicherte Rinne hinunter auf den Kar-Boden. Ende des Jubiläumssteiges (ca. 1980 m, $3^1/2$ Std., bei Schneeresten in Nordflanke u.U. erheblich länger, Pickel!).

Markierter Steig leitet in weitem Bogen zum Transversalweg, der vom Vršič-Paß zum Pogačnik-Haus führt und bei geplanter Übernachtung auf dem Pogačnik-Haus (Variante) gewählt wird. Bei Abstieg zum Vršič-Paß (Tagestour) kann man sich die weite Schleife sparen und sofort nach Erreichen des Kar-Bodens auf kleinem, unmarkiertem Steig neben einer Schuttrinne nach Süden absteigen bis man auf Transversalweg (Nr. 1) trifft. Diesen Weg nach rechts (westlich) folgen und mit 250 m Gegenanstieg zur Wegkreuzung auf den Gladki rob und zurück zum Vršič-Paß (vgl. Tour Nr. 48a, $2-2^1/2$ Std.). Bergsteiger mit sehr guter Kondition können in die Überschreitung den Razor einbeziehen; als Tagestour extrem lang (12–14 Std.). Lohnender ist folgende Variante mit Übernachtung:

Variante: Einbeziehung des Razor, Abstieg und Übernachtung Pogačnik-Haus; 10 Std. (gesamte Gehzeit); 1650 Hm.

51 Naturpark Weißenfelser-Seen

Ebene Wanderung; Rundwanderung $1^1/2$ Std.; Karten: 7, 9.

Zufahrt: Von Tarvis (Tarvisio) 8 km Richtung Kranjska Gora bis Fusine (Weißenfels). Südlich abzweigen zu Weißenfelser Seen (Laghi di Fusine) und 3,5 km zum großen Parkplatz am Oberen See (Lago superiore).

Wegverlauf: Spazierweg am Ostufer des Oberen Sees (929 m), weiter zum Ostufer des Unteren Sees (Lago inferiore, 924 m); Umrundung des Unteren Sees, zurück zum Oberen See und diesen auf Nord- und Westufer umwandern. In der Nordwestecke des Oberen Sees sind einige Holzstege verfallen, daher kurze Strecke weglos durch Wald ($1^1/2$ Std.).

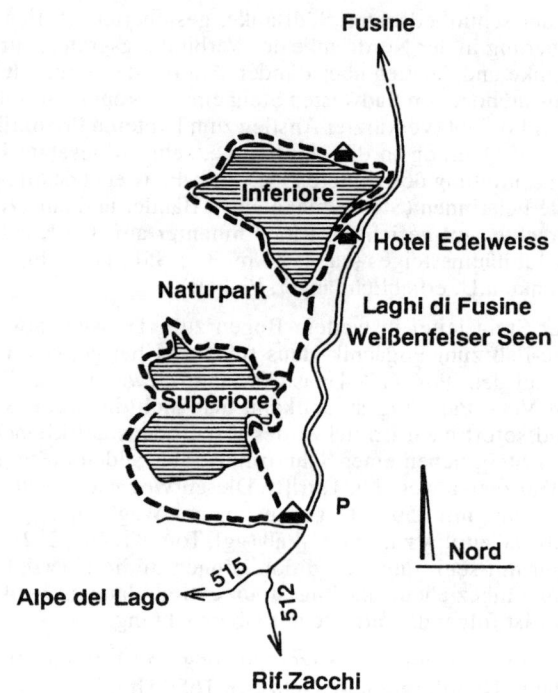

Fusine

Inferiore

Hotel Edelweiss

Naturpark

Laghi di Fusine
Weißenfelser Seen

Superiore

P

Nord

Alpe del Lago ← 515

512

Rif.Zacchi

52 Zacchi-Hütte – Ponza

a) Hohe Ponza

*Mittelschwerer, ausgesetzter Klettersteig; 3³/4 Std.; 1340 Hm;
Karten: 7, 9.*

Zufahrt: Wie bei Tour Nr. 51 zum Parkplatz (937 m) am Oberen
Weißenfelser See (Lago superiore).

Wegverlauf: Vom Parkplatz links an Jausenstation vorbei der Forststraße folgen. Nach ca. 100 m Fahrverbotsschild und gleich darauf
Weggabelung: rechts Forststraße Nr. 515 zur Alpe del Lago. Wir
folgen der linken Forststraße; nach 10 Min. bei weiterer Weggabelung
wieder links und Weg Nr. 512 zur Zacchi-Hütte (1380 m, 1¹/4 Std.).

Vor der Auffahrt zur Zacchi-Hütte auf Betonsäule neben Kriegsge-
denkstein Hinweis zum Klettersteig (700 Hm) auf Hohe Ponza (Ponza
Grande), der markiert (nicht numeriert!) nach Osten abzweigt. Über

bewachsene Schutthalde in 20 Min. zum Wandfuß. Über erste Wandstufe (sehr dickes Drahtseil) und unschwierig teils gesichert über den Westsporn aufwärts. Man quert eine ausgeprägte Rinne, die rechts des Westspornes von der Scharte zwischen Hoher und Mittlerer Ponza herabzieht, steigt an ihrem rechten (südlichen) Rand empor. Zurück in Rinne (Steinschlaghelm, Pickel für Schneereste im Frühsommer) und mit Drahtseilen gesichert über Felssporn empor. Am Ende des Felsspornes links zum Fuß der steilen Südwand (blauer Punkt). Sehr ausgesetzt, gut gesichert durch die fast senkrechte Wandstufe (schwierigste Stelle). In leichterem Gelände über Bänder, Felsstufen, Schrofen des flacher werdenden Westgrates zum Gipfel der Hohen Ponza (2274 m, 2¹/₂ Std.).

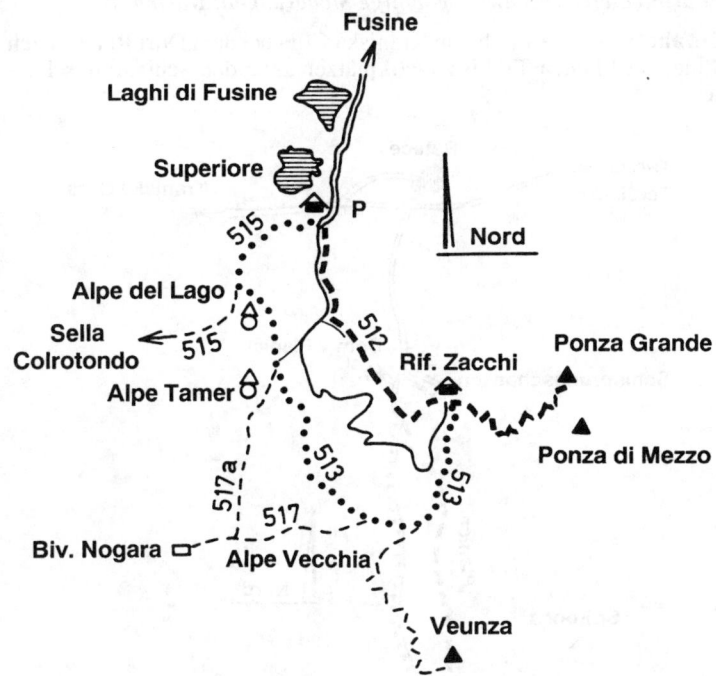

b) Rundweg über Zacchi-Hütte (Variante)

Leichte Wanderung; Rundweg 3 Std.; 440 Hm; Karten: 7, 9.

Wegverlauf: Wie bei Tour Nr. 52a zur Zacchi-Hütte (1380 m, 1¹/₄ Std.). Neben Hubschrauber-Landeplatz vor der Hütte Hinweisschild („Alpe Vecchia ³/₄ Std., Lago superiore 1³/₄ Std."). Auf der Straße von der Hütte nach Norden über zwei flache Betonrinnen, nach denen links Weg Nr. 513 zur Alpe Vecchia (ca. 1300 m) abzweigt. Bei zwei Weggabelungen immer rechts halten und Weg Nr. 513 folgen. (Links zweigen der Klettersteig zur Veunza und Steig Nr. 517 zum Biwak Nogara ab). Östlich an der Alpe Tamer vorbei zur Alpe del Lago, von der rechts (nördlich) der Weg Nr. 515 zurück zum Parkplatz (937 m) leitet (1³/4 Std.).

53 Planica

Leichte Wanderung; 1¹/4 Std.; 270 Hm;
Nadiže-Quelle unschwierig, einige Sicherungen; Karten: 6, 2.

Zufahrt: 5 km westlich von Kranjska Gora bei dem Dorf Rateče nach Süden ins Planica-Tal bis zu Parkplätzen unter den Schisprungschanzen.

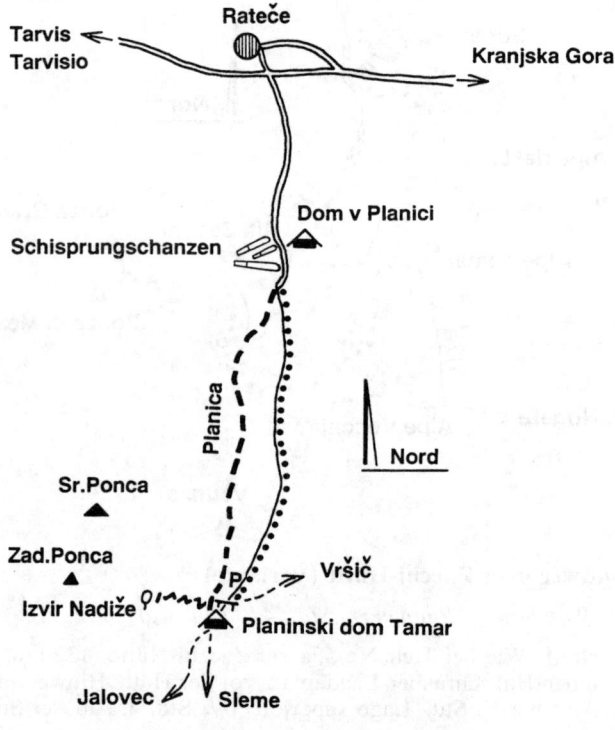

Wegverlauf: Vom Parkplatz (934 m) kurz der Straße folgen, bis nach der Grenztafel des Triglav-Nationalparkes und einem breiten Schotterbett der markierte Weg zum Tamar-Haus rechts abzweigt (1 Std.). Knapp vor dem Tamar-Haus (Planinski dom Tamar, 1108 m), leitet rechts, westlich, ein Steig in 20 Min. zur Nadiže-Quelle (Izvir Nadiže, ca. 1200 m). Kurz vor der Quelle einige Drahtseilsicherungen. (Bis vor das Tamar-Haus auch mit Pkw).

54 Tamar-Haus – Slemenova špica

Leichte Bergtour; 2¹/₄ Std.; 800 Hm; Karten: 6, 2.

Zufahrt: Vom Dorf Rateče, 5 km westlich von Kranjska Gora ins Planica-Tal bis zum Parkplatz vor dem Tamar-Haus (Planinski dom Tamar).

Wegverlauf: Vom Tamar-Haus (1108 m) den Schildern „Sleme, Vršič" in südlicher Richtung über teils bewachsene Schuttfelder in eine schuttgefüllte, breite Rinne (Schneefeld bis in den Sommer) folgen. Rinne links ansteigend verlassen, vorbei an betonierter Quelle und in östlicher, später nordöstlicher Richtung in den Sattel Slatnica (1815 m, 2 Std.). Der markierte Weg leitet abwärts zum Vršič-Paß; unmarkierter Steig zweigt links (nördlich) hinauf ab und führt in ¹/₄ Std. über den grasigen Rücken der Sleme zum höchsten Punkt der Slemenova špica (1911 m).

Variante: Abstieg über Grlo. Vom Sattel Slatnica kurz in Richtung Vršič-Paß, bis links (nördlich) der Steig zum Tamar-Haus abzweigt.

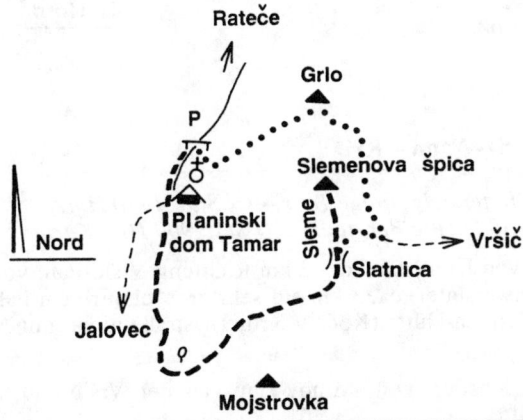

55 Cprnik

Leichte Wanderung; $^1/_2$ Std.; 170 Hm; Karten: 6,2.

Zufahrt: Von Kranjska Gora mit zwei Sesselliften auf den Vitranc (1576 m).

Wegverlauf: Von der Sessellift-Bergstation rechts wenden und gegen Südwesten dem Kamm des Vitranc folgen. Zuletzt kurz ansteigend auf den felsigen Gipfel des Ciprnik (1746 m); Weg Nr. 13 in Karte 6.

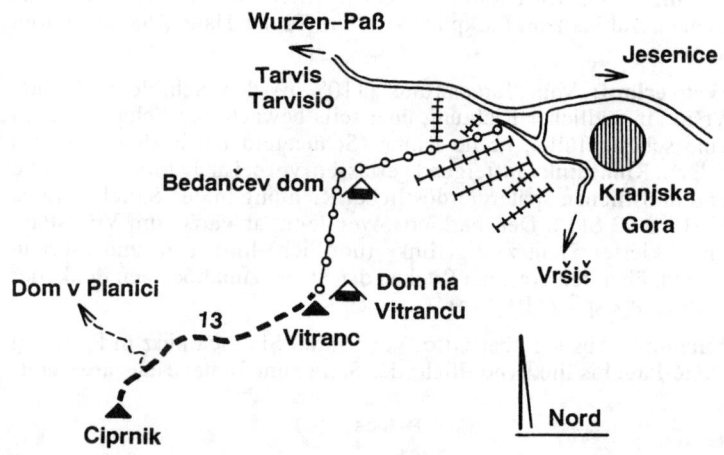

56 Križ-Wand – Križ

Leichter Klettersteig, lange Tour; $4^1/_4$ Std.; 1410 Hm;
bis Talschluß leichte Bergtour; $2^3/_4$ Std.; 900 Hm; Karten: 6, 2.

Zufahrt: Von Kranjska Gora 2 km Richtung Vršič-Paß; vor Brücke (große Hinweistafel) ca. 3 km auf sehr grobschottrigem Fahrweg in Richtung Krnica-Hütte (Koča v Krnici). Straße nicht immer befahrbar.

Variante: Abstieg vom Mihov-Haus an der Vršič-Paßstraße zur Krnica-Hütte.

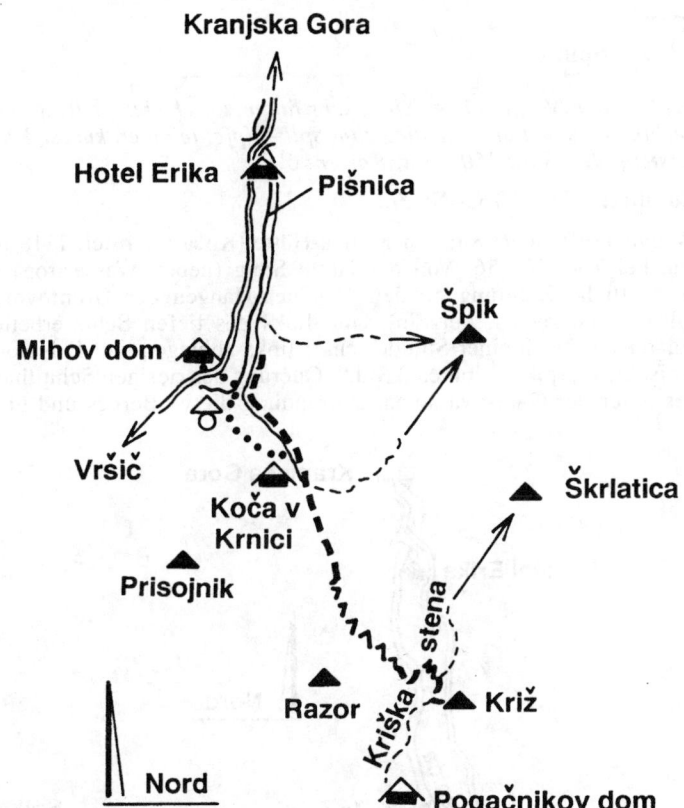

Wegverlauf: Vom Ende des Fahrweges (Schranken, ca. 1000 m) ¹/₂ Std. auf Fahrweg zu Krnica-Hütte (1118 m). Talaufwärts (vorbei an Quelle) in Talschluß unter der Križ-Wand (Kriška stena, 1960 m, 2¹/₄ Std.). In der Križ-Wand auffallende Schlucht sichtbar, die gegen Karboden in zwei Rinnen aufspaltet. Bei linker (östlicher) Rinne deutlich markierter Einstieg zum Klettersteig. Davor flaches Firnfeld, das ebenso wie Randkluft meist unschwierig ist. Sicherungen des leichten Klettersteiges (300 Hm) über Schrofen, Bänder, kurze Kamine zum Križ-Joch (ca. 2300 m) folgen. Bei Weggabelung rechten (nordwestlichen) Steig zum Trenta-Tor (Trentska Vratca) folgen; hier weitere Weggabelung. Geradeaus zum Pogačnik-Haus, links über sanft ansteigenden Rücken in Kürze zum Križ-Gipfel (2410 m, 1¹/₂ Std.). Abstieg zum Pogačnik-Haus (1 Std.) und Übernachtung verkürzt Tour.

57 Špik

Bis Lipnica (Vorgipfel des Špik) sehr lange, unschwierige Bergtour;
Verbindungsgrat und Aufstieg zum Špik-Gipfel leichter, kurzer Klet-
tersteig; 4¹/₂ Std.; 1500 Hm; Karten: 6, 2.

Zufahrt: Wie bei Tour Nr. 56.

Wegverlauf: In ¹/₂ Std. zur Krnica-Hütte (Koča v Krnici, 1118 m)
wie bei Tour Nr. 56. Von der Hütte Steig (neben Wassertrog) in
nordöstliche Richtung zu den Moränen-Hängen der Gruntovnica
folgen. Erst rechts, kurz in, dann links des tiefen Schotterbettes
aufsteigen. Nach einer Stunde scharf links abbiegen, auf Felsblock
Aufschrift „Špik – Lipnica 3 Std.". Querung des riesigen Schutthan-
ges unter der Gamsova špica, Umrundung dieses Berges und über

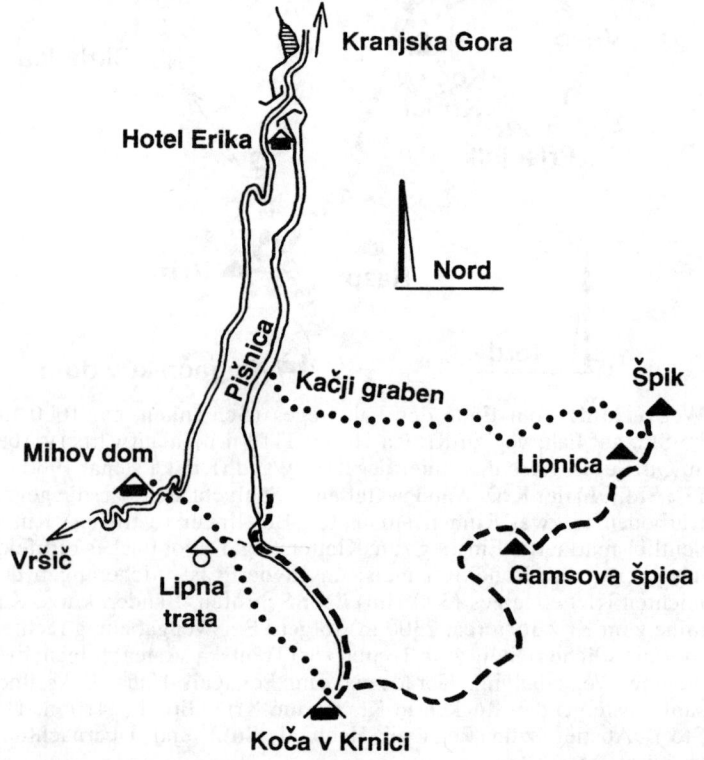

Schrofen zum Gipfel der Lipnica (2418 m). Gesicherter Verbindungs-grat und Anstieg über gestuften Fels und Schrofen zum 50 m höheren Špik-Gipfel (2472 m) ist ein leichter Klettersteig (70 Hm).

Kürzere Abstiegsvariante: Durch den Schlangengraben (Kačji gra-ben, 3 Std., viel Schutt). Vom Wandfuß des Špik rechts (westlich) über Schutthalde (nicht zur Lipnica aufsteigen!), später auf gutem Weg südlich des Schlangengrabens und teils über Geröll zum Fahr-weg im Pišnica-Tal.

58 Kranjska Gora – Srednji vrh

Leichte Wanderung; 1³/4 Std.; 190 Hm; Karten: 6, 1.

Zufahrt: Über Tarvis, Wurzen-Paß oder Karawanken-Tunnel nach Kranjska Gora.

Wegverlauf: Östlich der Kirche von Kranjska Gora (810 m) Straße in nördlicher Richtung folgen; Umfahrungsstraße und Save (Sava Dolinka) überqueren. Weg Nr. 2 (Karte 6) folgen. Auf Fahrstraße nach Galerše (ca. 1000 m); Wanderweg zweigt links von der Fahrstraße ab und führt fast eben über Robe nach Srednji vrh (960 m, 1³/4 Std.).

Abstiegsvarianten: Von Srednji vrh über Fahrstraße ¹/2 Std. nach Martuljek (750 m) absteigen und mit Bus zurück, oder bei vorletztem Bauernhof von Srednji vrh (von Kranjska Gora kommend) Weg Nr. 5 hinunter ins Save-Tal und am nördlichen Save-Ufer zurück (1¹/2 Std.).

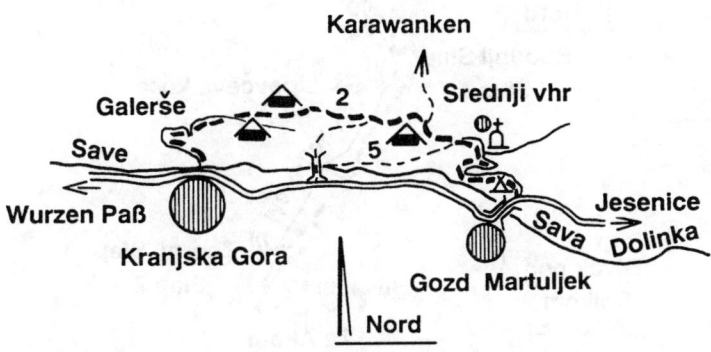

Erster Wasserfall leicht; zweiter Wasserfall und Hochkar Za Akom einige leichte, felsige Passagen mit Drahtseilsicherung; 1³/4 Std.; 570 Hm; Karten: 6, 1.

Zufahrt: Von Kranjska Gora nach Gozd-Martuljek und vor der Pension Špik (Panoramatafel) ¹/2 km rechts (südlich) zu Pkw-Abstellplatz bei Grenztafel des Triglav-Nationalparks.

Wegverlauf: Vom Parkplatz (ca.770 m) deutlich beschildert teils über Stiegen und Holzbrücken durch die Martuljek-Schlucht in 20 Min. zum ersten Wasserfall (Slap 1, Spodnji Slap, 850 m). Neben Wasserfall in Kehren hinauf zu Fahrweg; diesen kurz links folgen bis rechts (südlich) hinauf Steig zum zweiten Wasserfall abzweigt. Bald weitere Weggabelung: Links führt Steig, zuletzt mit Drahtseilen gesichert, über kurze, unschwierige, felsige Passage zum zweiten Wasserfall (Slap 2, Zgornji Slap, 1 Std., ca. 1100 m); rechts, ebenfalls teilweise gesichert, zum Hochkar Za Akom („Za Ak") und Biwak III (1340 m,) in ¹/2 Std. ab Weggabelung (Variante).

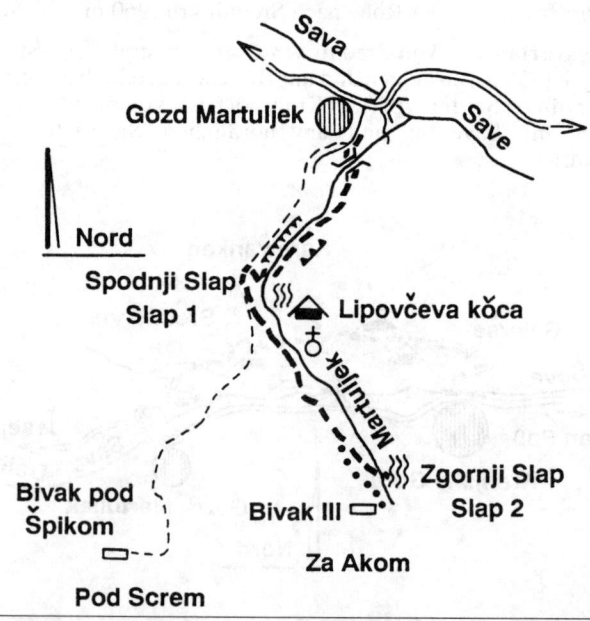

60 Porträt eines Bergkönigs

Allgemeines über den Triglav, den höchsten Berg der Julier.

61 Vrata-Tal – Peričnik-Wasserfall

Leichte Talwanderung, teilweise Straße (verkürzte Wanderung mit streckenweiser Pkw-Fahrt möglich); 3 Std.; 390 Hm; Karten: 1, 3.

Zufahrt: Von Kranjska Gora (12 km) oder durch Karawanken-Tunnel von Villach nach Mojstrana.

Wegverlauf: Von Mojstrana (641 m) ca. 1 km auf der Straße ins Vrata-Tal, bis Fußweg links über Brücke abzweigt. Am linken (östlichen) Ufer der Bistrica flußaufwärts, bis kurz vor Peričnik-Wasserfall Fußgängerbrücke wieder zu der rechts (westlich) der Bistrica verlaufenden Straße führt. Von der kleinen Hütte an der Straße (Koča pri Peričnicu, 750 m, 1 Std.) rechts (nordwestlich) in 10 Min. zum unteren Wasserfall (Abstecher zu oberen Wasserfall möglich!).

Straße 2 km weiter folgen bis links Fußweg (Schild „Galerije") abzweigt. Die letzten 2 km vor dem Aljaž-Haus (Aljažev dom, 1015 m) verlaufen wieder auf der Straße. Vom Aljaž-Haus auf ebenem Weg 10 Min. Richtung „Triglav, Pogačnik-Haus" bis Partisanen-Denkmal (riesiger Kletterhaken mit Karabiner).

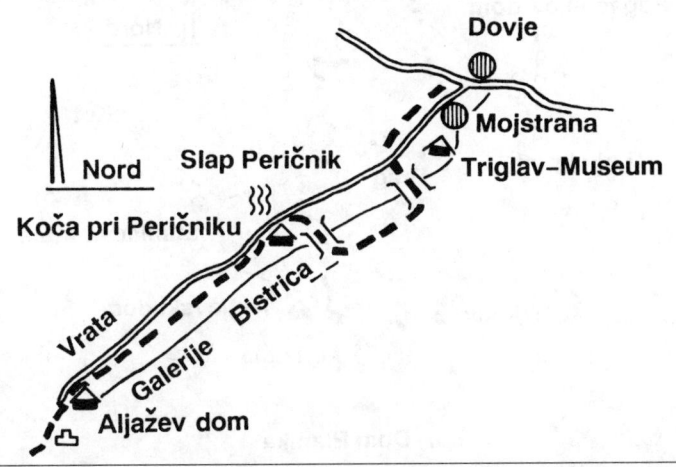

a) Tominšek-Weg

Unschwieriger Klettersteig; als Tagestour extrem lang; 6 Std.; 1850 Hm; Übernachtung Triglav-Haus empfehlenswert; Karten: 3, 1.

Zufahrt: Von Mojstrana ca. 10 km ins Vrata-Tal zum Parkplatz vor Aljaž-Haus.

Wegverlauf: In wenigen Minuten zum Aljaž-Haus (Aljažev dom, 1015 m) und 10 Min. (Hinweisschild „Triglav") auf breitem Fahrweg zum Partisanen-Denkmal (Kletterhaken mit Karabiner). Hier zweigt Tominšek-Weg (Tominšekov pod) links ab; Bachbett überqueren und eindeutig markiert diagonal durch die Hänge des Cmir und Begunjski vrh ansteigen; von ca. 1700–2000 m Höhe ist der Weg ein leichter versicherter Klettersteig. In 2000 m Höhe mündet von rechts Prag-

Weg ein. Vorbei an betonierter Quelle zu Weggabelung am Rand des Karstplateaus; links zur Staninč-Hütte (Staničeva koča); wir folgen dem rechten Weg über Firnfelder neben Triglav-Gletscher zum Triglav-Haus (Triglavski dom, 2515 m) auf der Kredarica (5 Std.).

Vom Triglav-Haus kurz absteigend zum Wandfuß und über unschwierigen (kurze ausgesetzte Kletterstellen), reichlichst versicherten Klettersteig (300 Hm) über Ostgrat zum Kleinen (Mali) Triglav und den ausgesetzten Verbindungsgrat (Stahlseil in Hüfthöhe) zum Triglav (2864 m, 1 Std.). 50 m unter Gipfel links Pfeil zu Blitzschutz-Höhle (Staničevo zavetišče). Bei Nässe ist der abgetretene Fels des Klettersteiges sehr rutschig! Gipfel bei Gewittergefahr unbedingt meiden!

b) Prag-Weg (Variante)

Unschwieriger Klettersteig, als Tagestour extrem lang; 6¹/₂ Std.; 1850 Hm; Karten: 3, 1.

Zufahrt und Wegverlauf: bis Partisanendenkmal wie Tominšek-Weg Nr. 62a.

Wegverlauf: Vom Denkmal gerade weiter (südlich) den ebenen Talboden ¹/₂ Std. bis Talschluß folgen (rechts hinauf zweigt Weg zum Pogačnik-Haus ab). Auf Brücke Bistrica überqueren und zum Wandfuß, wo der Prag-Weg (Pod Čez Prag), der leichteste Nordwand-Anstieg, beginnt. Eindeutig markiert, viel Schutt, nur ca. 120 Hm leichter, reichlich versicherter Klettersteig. In 2000 m Höhe Einmündung in Tominšek-Weg und wie bei Tour 62a zum Triglav-Haus (2515 m, 5¹/₂ Std.) und Triglav (2864 m, insgesamt 6¹/₂ Std.).

63 Triglav über Velo polje

Leichter Klettersteig, sehr lang; 6¹/₄ Std.; 1520 Hm; bis Planika-Haus Wanderweg, 5 Std.; Übernachtung empfehlenswert; Karten: 3, 1.

Zufahrt: Von Bled nach Rudnjo polje (1340 m) in der Pokljuka.

Wegverlauf: Rechts neben Straße Kaserne; dahinter Parkplatz und rechts (westlich) beschilderte Abzweigung „Triglav". Kurze Weiterfahrt auf Forststraße möglich; vorbei an Jagdhaus und bei erster Straßengabelung links noch einige 100 m (wenig Parkplätze!) fahren, bis rechts hinauf Weg von Forststraße abzweigt. Ansteigend, dann querend (Quelle) und 200 Hm zum Studorski-Sattel (Studorski preval, 1892 m). Rechts abzweigend Steig zur Lipanca-Alm. Geradeaus, kurz absteigend, dann querend zur Vodnik-Hütte (Vodnikova koča, 1805 m, 3 Std.).

Weiter ansteigend (kurze, leichte mit Drahtseilen gesicherte Passage) zur Wegkreuzung im Konjski-Sattel (2020 m); links (westlich) in Kehren über Schutt zum Planika-Haus (Dom Planika, 2404 m, 2 Std.). Nördlich der Hütte über kleines Schuttfeld und auf reichlich gesichertem Klettersteig (400 Hm) über Fels und Schrofen auf den Mali Triglav (2725 m); hier Einmündung des Anstieges vom Triglav-Haus. Über ausgesetzten, reichlichst gesicherten Verbindungsgrat (vgl. Tour Nr. 62a) zum Triglav (2864 m, 1 1/4 Std.). Besuch der Vodnik- oder Planika-Hütte auch ohne Gipfelanstieg lohnend.

64 Rundtour am Ostrand des Triglav-Massivs

Leichte Bergtour; Rundweg 5 Std.; 650 Hm; Karte: 1.

Zufahrt: Von Bled nach Rudnjo polje in der Pokljuka.

Wegverlauf: Bis Studorski-Sattel (Studorski preval, 1892 m) wie bei Tour Nr. 63. Am Sattel nicht breiten Weg zur Vodnik-Hütte absteigen, sondern rechts (nördlich) in Richtung Lipanca-Alm und Bleder Hütte (Blejska koča). Unter dem V. Draški vrh in Sattel zwischen den beiden Draški vrh; den grasigen Südhang des M. Draški vrh ansteigend queren. (Kurzer Abstecher rechts, südöstlich, über Srenjski-Sattel zum Viševnik, 2050 m, möglich). Weitere Querung in ca. 1900 m Höhe, nochmals in Sattel und absteigend (links Abzweigung Lipanski vrh) zur Bleder Hütte (1633 m). Knapp vor der Hütte rechts Weg zurück nach Rudnjo polje folgen (1340 m, 5 Std.).

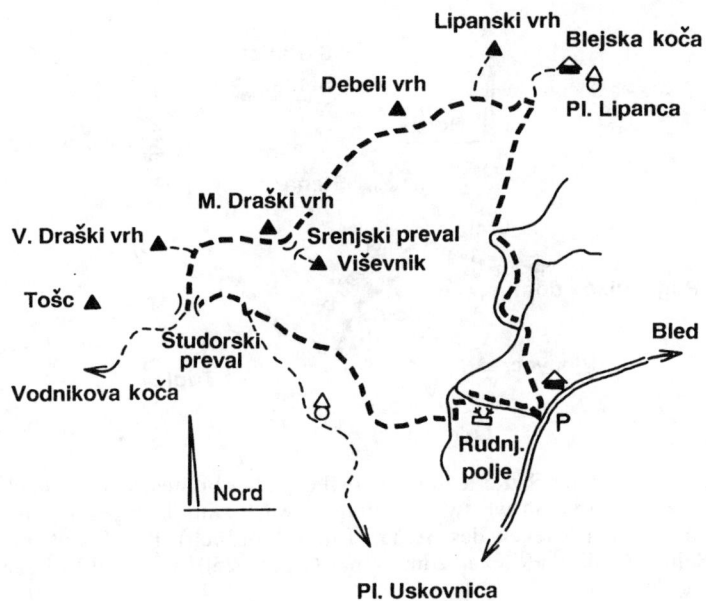

Lipanski vrh
Blejska koča
Debeli vrh
Pl. Lipanca
M. Draški vrh
V. Draški vrh
Srenjski preval
Viševnik
Tošc
Studorski preval
Bled
Vodnikova koča
Rudnj. polje
P
Nord
Pl. Uskovnica

65 Sovatna-Sattel und Stenar

Unschwierige Bergtour, teils Schutt und Schrofen; 4³/4 Std.;
1490 Hm; Übernachtung Pogačnik-Haus empfehlenswert; Karten: 3, 1.

Zufahrt: Wie bei Tour Nr. 62a zum Parkplatz vor Aljaž-Haus.

Wegverlauf: Vom Aljaž-Haus (Aljažev dom, 1015 m) vorbei an Partisanen-Denkmal (vgl. Tour Nr. 61) ca. 20 Min. ebenen Talboden folgen, bis rechts (südwestlich) Weg zum Pogačnik-Haus abzweigt. Schräg durch Buchenwald ansteigend in 1 Std. zum breiten, grasigen, schrofendurchsetzten Schuttfeld, das vom Sovatna-Sattel herunterzieht. Weggabelung: Geradeaus Luknja-Paß, rechts (nordwestlich) zum Sovatna-Sattel (Dovška Vratika oder Vrata, 2180 m, 3¹/2–4 Std.). Zwei kurze, leichte mit Drahtseilen gesicherte Passagen über Felsen, oberer Teil mühsam über Schutt; im Hochsommer heiß.

Im Sovatna-Sattel Weggabelung: Links in ³/4 Std. zum Pogačnik-Haus (Pogačnikov dom, 2051 m). Rechts (nordöstlich) zum Stenar (Hinweise auf Felsblöcken). Zwischen riesigen Felsblöcken und über Schutt gegen Stenar-Sattel (kleine Felstürme im Sattel!). Bei Weg-

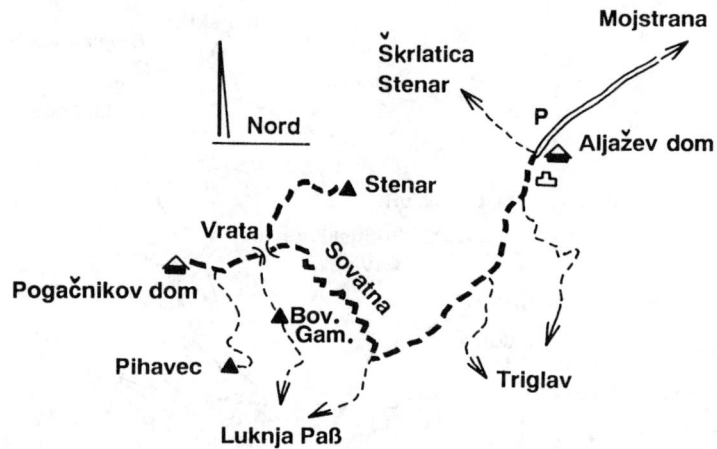

kreuzung unter Sattel rechts (südöstlich) über breites, schuttbedecktes Band durch Süswestwand schräg aufwärts zum flach gegen Süden abfallenden Rücken des Stenar. Links (nördlich) über Schutt und Schrofen diesen Rücken zum Stenar-Gipfel (2501 m, 1 Std.) folgen.

66 Škrlatica

Mäßig schwieriger Klettersteig; sehr lange Tour; 6 Std.; 1730 Hm; Karten: 3, 1.

Zufahrt: Von Mojstrana ins Vrata-Tal zum Parkplatz vor Aljaž-Haus.

Wegverlauf: Vom Aljaž-Haus (Aljažev dom, 1015 m) rechts (nordwestlich) erst durch steilen Wald, dann in freiem Gelände zu Steiggabelung. Geradeaus Steig zum riesigen Schuttkar im Norden des Stenar. Scharf rechts (nördlich) zum Biwak IV, das linker Hand, etwas erhöht, abseits des Weges liegt (1980 m, 3 Std.). Unter Wänden der Dolkova špica queren, über Felsstufe in großes Schuttkar (bis Hochsommer Schneereste). Von links mündet der Weg vom Pogačnik-Haus ein. Steil über Schuttfeld zum Einstieg des Klettersteiges (300 Hm). Gut gesichert über Rinne und Felsstufen zu der schwierigsten Stelle – einer glatten, ausgebauchten Wand; ausgesetzte Stelle, mit Eisenstiften gut gesichert. Über Schutt und schuttbedeckte Schrofen zum Südgrat und über diesen zum Gipfel der Škrlatica (2738 m, 3 Std.). Sehr zeitiger Aufbruch, ausreichende Flüssigkeitsmengen notwendig (ost- u. südseitiger Anstieg!).

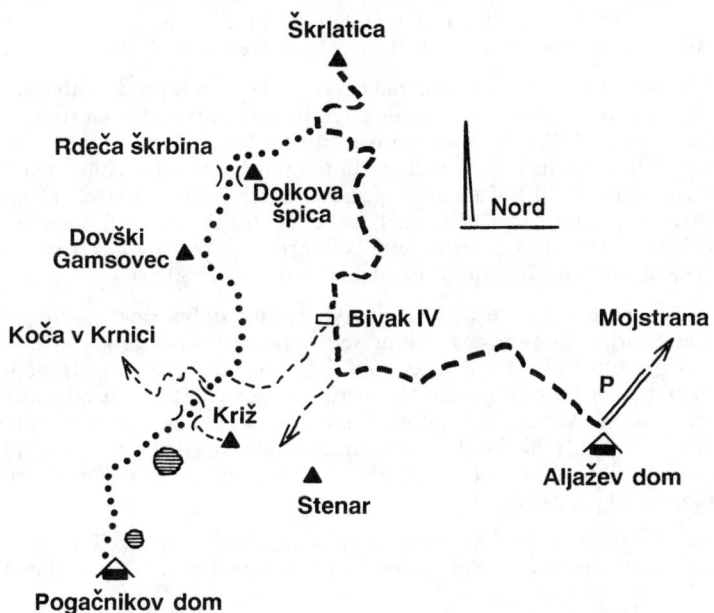

Variante: Vom Pogačnik-Haus (Pogačnikov dom, 2052 m) über Križ-Joch (2290 m) und Rote Scharte (Rdeča škrbina, 2500 m) kürzerer Anstieg (4¹/₂ Std.), aber zwei Abstiege (170, Hm, 180 Hm) mit Gegenanstiegen (viel Schutt!).

67 Erinnerungen an die Gebirgsfestung des Ersten Weltkrieges

Allgemeines über die Bedeutung der Wischberg-Gruppe im Ersten Weltkrieg.

68 Kor-Scharte und Klettersteig durch die Weißenbach-Gruppe

Bis Kor-Scharte leichte Bergtour; Gratüberschreitung mäßig schwieriger Klettersteig; 5¹/₄ Std. (Abstieg 2¹/₄ Std.); 1240 Hm; Karten: 7, 9.

Zufahrt: Von Tarvis (Tarvisio) zu der Straßengabelung Predil-Paß/Nevea-Paß am Predil-See (Lago del Predil) und 2,7 km rechts Richtung Nevea-Paß, bis zur Brücke über Weißenbach (Rio Bianco).

Wegverlauf: Auf Betonstützmauer rechts der Straße große Aufschrift „Rif. Brunner"; links der Straße nach Brücke Parkplätze im riesigen Schotterbett. Weg Nr. 625 am ostseitigen, später westseitigen Ufer des Weißenbaches zur Brunner-Hütte (Selbstversorger-Hütte, Quelle, 1432 m, 1 Std.). Kurz absteigen und durch riesigen Latschenhang (ostseitig, zeitiger Aufbruch!) zu den Biwakschachteln Gorizia (1950 m, 1¹/₂ Std.). Durch breite Schuttrinne geradeaus (westlich) in ³/₄ Std. zur Kor-Scharte (Forcella del Vallone, 2180 m).

Von Scharte links (westlich) einige Meter hinauf; bei Tafel „Attrezato Centenario" Beginn des mäßig schwierigen Klettersteiges. Durch Kriegsstollen (Taschenlampe!) auf Grat, der in ca. 2200 m Höhe in östlicher Richtung überschritten wird. Gut gesichert, Drahtseile, Stifte, Leitern, Verlauf eindeutig. Ende des Klettersteiges in Scharte (2150 m) vor Hoher Weißenbachspitze (Cima Alta di Riobianco). Von Scharte links (nördlich) über steiles Schuttfeld zurück zum Biwak Gorizia (1¹/₂–2 Std.).

Als Bergtouren ohne Klettersteig sind sowohl das Biwak Gorizia als auch der Abstieg von der Kor-Scharte über die Corsi-Hütte lohnend.

Mäßig schwierige Bergtour; einige leichte versicherte Kletterstellen; sehr lang, 4¹/₂ Std.; 1620 Hm; Übernachtung Corsi-Hütte empfehlenswert; Corsi-Hütte selbst sehr lohnende Tour; Karten: 7, 9.

Zufahrt: Von Tarvis (Tarvisio) zur Straßengabelung Predil-Paß/Nevea-Paß am Predil-See und 6,1 km Richtung Nevea-Paß (Sella Nevea). Bei Denkmal (Kreuz auf Felsblock) rechts Schotterstraße Richtung Corsi-Hütte bis zu Parkplätzen vor Schranken.

Wegverlauf: Vom Parkplatz (ca. 1050 m) auf alter Militärstraße zur Fischbach-Alm (Malga Grantagar, 1530 m, 1¹/₄ Std.). Vom Hütterl der Material-Seilbahn links (westlich) vorbei an Quelle (Betontrog) alten Saumpfad Nr. 628 bis unter schwarze Felswand zum Weg Nr. 625 folgen, der rechts zur Corsi-Hütte (1874 m, 1 Std.) führt. Kürzerer, steiler Aufstieg leitet direkt unter Seilbahn (hinter Hütterl rechts absteigen) zur Corsi-Hütte (Variante).

Von Corsi-Hütte vorbei an Quelle, aufgepinseltem Namen „Jôf Fuart" (Wischberg) in nördlicher Richtung teils über Schrofen zu rötlichen Felsen der Gamsmutter folgen. Rechts zweigen numerierte Steige 625 und 627 ab. Zum Wandfuß und über ca. 10 m hohe Wandstufe (Drahtseile), durch Schuttrinne und kurzen natürlichen Tunnel; Anita Goitan-Steig wird gequert. Durch schrofiges Gelände (Tritte, Stifte) zum breiten Rücken und über diesen unschwierig auf den Wischberg (Jôf Fuart, 2666 m, 2–2¹/₂ Std.).

Als Variante Abstieg auf Anita Goitan-Steig über Moses-Scharte (Forc. Mose) möglich (vgl. Tour Nr. 70).

70 Höhenweg Anita Goitan

Schwieriger Klettersteig; lange, hochalpine Überschreitung; Rundtour von Corsi-Hütte; 7¹/₂ Std.; 1000 Hm; Karten: 7, 9.

Zufahrt und Aufstieg zur Corsi-Hütte: wie Tour Nr. 69.

Wegverlauf: Von Corsi-Hütte (1874 m) auf Weg Nr. 625 südwestlich Richtung Scalini-Paß (Passo degli Scalini). Nach Querung einer breiten Mulde, die von der Bärenlahnscharte (Forc. Lavinal dell'Orso) herunterzieht, im spitzen Winkel auf Weg Nr. 626 zur Bärenlahnscharte (2183 m, 1 Std.). Kurz vor Scharte rechts abzweigen – Beginn des Klettersteiges „Sentiero Attrezato Anita Goitan".

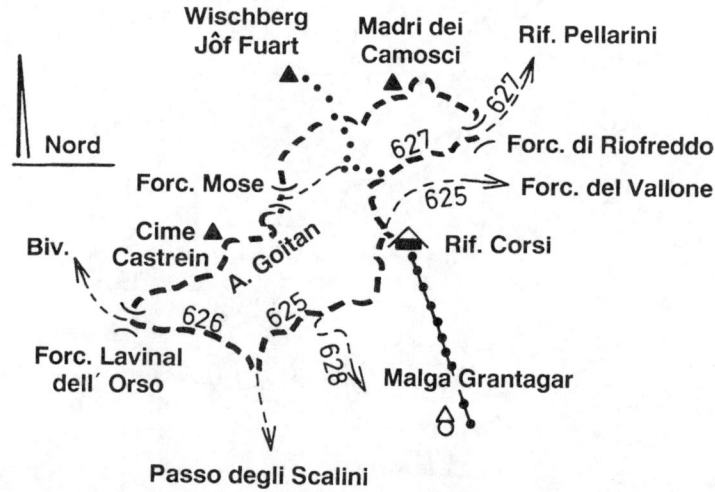

Steil über grasige Hänge, Felsbänder und Stufen durch Südflanke zum Felsen des Gipfelaufbaues und zum Doppelgipfel der Kastrein-Spitzen (Cime Castrein, 2502 m, 2495 m). Alte Kriegssteige, Kaverne, künstliche Stufen, teils Sicherungen. Ostseitig Abstieg über Schutt, grasige Bänder, Felsstufe (Sicherungen) zur Moses-Scharte (Forc. Mose, 2271 m, 1³/₄ Std.). Rechts unter Felsfigur des Moses vorbei und gut gesichert über Felsstufe, die mit Stufen und Kerben entschärft ist, gegen Wischberg (Jôf Fuart). Über Schutterrasse zum Normalweg auf Wischberg; diesen ca. 50 m absteigen und links (östlich) knapp oberhalb des natürlichen Tunnels verlassen. (Abstecher zum Wischberg-Gipfel auf Normalweg verlängert Tour).

Über ein ausgeprägtes, exponiertes Felsband gut gesichert leicht ansteigend durch Wand der Hohen Gamsmutter (Madri dei Camosci). Überquerung der Schlucht zwischen Gamsmutter und Gamsmutter-Turm (Torre delle Madri Camosci), weiter auf Band (Wandbuch in Felsnische). Abstieg (Steigbügel) in Scharte; die folgende nordseitige Querung des Kleinspitz (Innominata) ist die schwierigste Passage. Zwei Varianten möglich: Technisch leichtere, aber gefährlichere quert exponierte, schräge, meist mit Schutt bedeckte Felsplatte (bei Schnee- und Eisresten besonders gefährlich, Pickel!). Technisch schwierigere Variante führt unterhalb (Drahtseile) durch Südwand des Kleinspitzes (Seil für weniger Geübte); Varianten vereinigen sich. Weiter durch Einschnitt zwischen Kleinspitz und Kaltwasser-Gamsmutter (Cima di Riofreddo) und auf ausgesetzem Band (schwierige Stelle) durch Wand der Kaltwasser-Gamsmutter. Durch steile Rinne zur Kaltwasser-Scharte (Forc. di Riofreddo, 2240 m) und auf Weg Nr. 627 zur Corsi-Hütte zurück (4–4¹/₂ Std.).

Hochalpine Überschreitung, nur für erfahrene Bergsteiger und Klettersteiggeher, bei Schneeresten ist Schwierigkeit u.U. erheblich vergrößert und Gehzeiten sind stark verlängert.

Beliebte kürzere Variante: Von Corsi-Hütte Normalanstieg zum Wischberg und über Anita Goitan-Steig und Kaltwasser-Scharte zurück zur Corsi-Hütte (6–6¹/₂ Std.).

71 Raibler Seekopf

Leichte Bergtour; 3¹/₂ Std.; 1150 Hm; Karten: 7, 9.

Zufahrt: Wie bei Tour Nr. 68 zu Brücke über Weißenbach (Rio Bianco) und sofort links (südlich) hinunter (Hinweisschild „Cima del Lago, Nr. 653") zu riesigem Schotterfeld (Parkmöglichkeit).

Wegverlauf: Vom Parkplatz im Schotterfeld in südlicher Richtung Fahrspuren folgen zu deutlichen Markierungen am Waldrand hinter

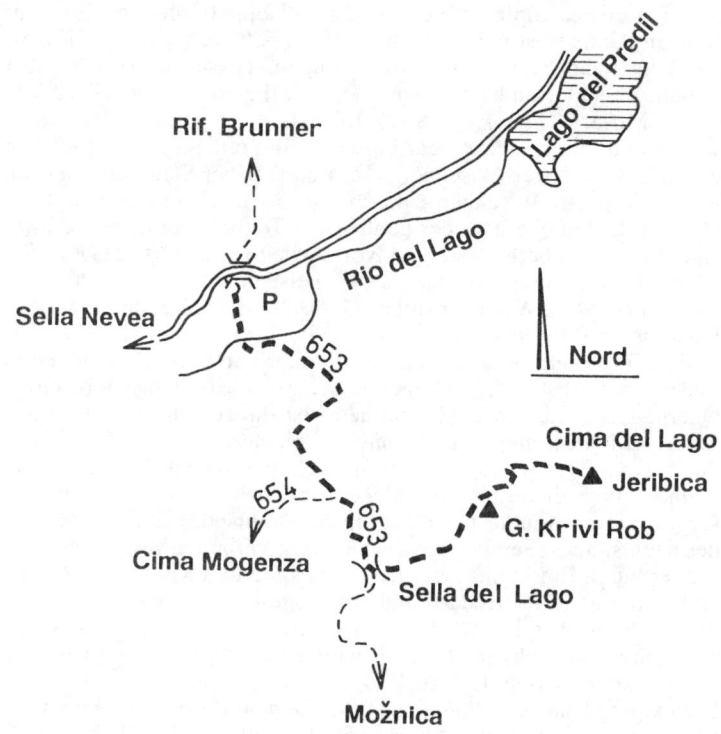

Schotterbett. Kurz talaufwärts (westlich) dann links (südlich) abzweigen und in vielen Kehren durch Wald zu Weggabelung in 1420 m Höhe: Rechts Steig Nr. 654 zur Cima Mogenza Piccola, links führt unser Steig Nr. 653 kurz durch Strauchgürtel (bei Nässe Überhose) und am Rand einer Schuttrinne zum See-Sattel (Sella del Lago, 1718 m, 1³/4 Std.). Einmündung des Weges vom slowenischen Možnica-Tal. Auf Felsblock Grenzstein und Aufschrift „Cima del Lago" (Raibler Seekopf); gleich dahinter auf Felsblock Aufschrift „Jerebica" (slowenischer Name). Kreisförmigen, slowenischen Markierungen links (östlich) knapp unter felsigem Bergkamm in kleine Scharte folgen. Über Grashänge zum Vorgipfel (G. Krivi Rob), ca. 50 m in Sattel absteigen und schräg aufwärts zu grasigem Gipfelgrat und Raibler Seekopf (2125 m, 1³/4 Std.).

Leichte Almwanderung; 1 1/2 Std.; 160 Hm; Karten: 7, 9.

Zufahrt: Von Tarvis (Tarvisio) zum Nevea-Paß (Sella Nevea); kurz unterhalb des Passes in Linkskurve rechts hinauf Abzweigung zur Pecol-Alm (Hinweistafel „Altipiano del Montasio, Latteria"). Auf schmaler Straße, enge, steile Kurven zum Parkplatz am Fuß der Almen (1502 m).

Wegverlauf: Hinter Fahrverbotsschild am Ende des Parkplatzes bei Gabelung der Wirtschaftsstraßen rechts (nordöstlich) zu der schon sichtbaren Brazza-Hütte (Rif. G. di Brazza, 1660 m, 1/2 Std.). Von Hütte auf schmalem Steig kurz nördlich und bei Weggabelung links (auf Stein Aufschrift „Montasio") und diesen markierten Steig ca. 25 Min. über Almwiesen folgen, bis von links unten der viel begangene Anstiegsweg zum Montasch (Jôf di Montasio) einmündet. Auf diesem über Almwiesen hinunter zur Pecol-Alm (C.re Pecol, 1517 m). Bei riesigem Rinderstall Wirtschaftsweg links zurück zum Parkplatz folgen (1/2 Std.).

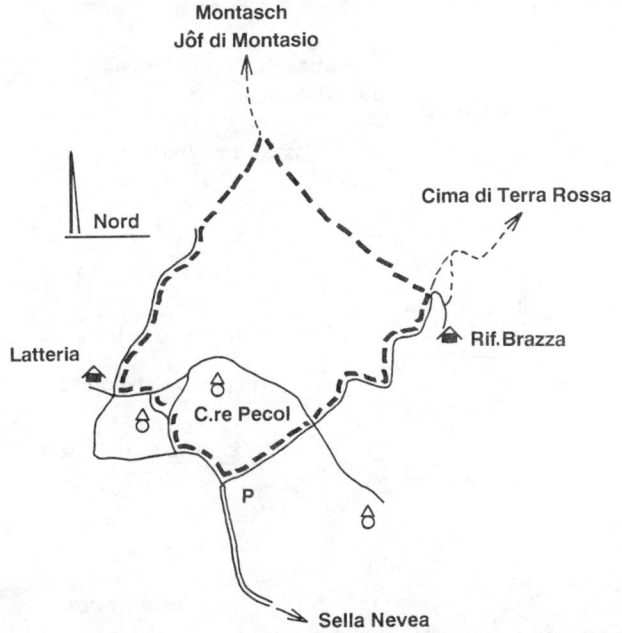

73 Montasch

Leichter Klettersteig; kurze, mäßig schwierige Kletterstelle; 4 Std.; 1250 Hm; Karten: 7, 9.

Zufahrt: Wie bei Tour Nr. 72 zum Parkplatz auf Pecol-Alm..

Wegverlauf: Vom Parkplatz Wirtschaftsstraße geradeaus Richtung „Latteria" folgen (der rechts abzweigende Anstieg über die Brazza-Hütte ist länger!). Nach riesigem Rinderstall (noch vor der Latteria) rechts (nördlich) abzweigen. Ca. 700 Hm durch Almwiesen zum Felsen. Über Schrofen und Schutt zu kurzer Kletterstelle vor 60 m langer, exponierter Stahlseilleiter. Sicherungen bei Kletterstelle unter Leiter oft durch Steinschlag beschädigt, dann mäßig schwierig; Steinschlaghelm! Kurz vor der Leiter zweigt rechts Steig (Variante) zur Verde-Scharte (Forca Verde) ab; kein Fels, aber extrem steile Gras- und Schutthänge; gefährlicher als Leiter vor allem bei Nässe. Oberhalb Leiter kurz über Schuttfeld (keine Steine lostreten!) zum Grat und über diesen in leichtem Gelände westlich zum Montasch-Gipfel (Jôf di Montasio, 2753 m, 4 Std.). Zeitiger Aufbruch, ausreichend Flüssigkeit, südseitiger Anstieg!

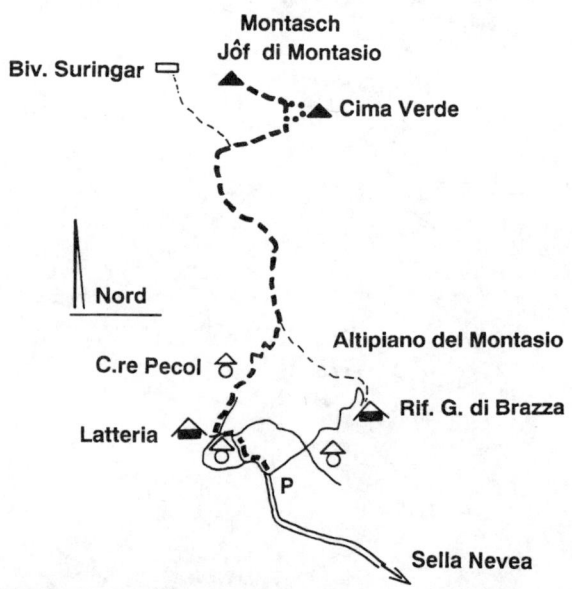

74 Cima di Terra Rossa

Leichte Bergtour; 2¹/₂ Std.; 920 Hm; Karten: 7, 9.

Zufahrt und Anstieg zur Brazza-Hütte: vgl. Tour Nr. 72.

Wegverlauf: Von Brazza-Hütte (Rif. G. di Brazza, 1660 m, ¹/₂ Std.) auf Steig nördlich gegen Bergkamm wenden. Ca. 5 Min. nach Hütte Weggabelung: Links zum Montasch (Aufschrift „Montasio" auf Stein); rechts (nördlich), mehr begangen, nicht markiert, auf altem Saumpfad zur Cima di Terra Rossa. (Dieser Saumpfad wird auch erreicht, wenn man von Hütte kaum sichtbaren Steig vorbei am Wasserschloß nördlich gegen Bergkamm geht). Weiterer Wegverlauf auf Saumpfad eindeutig. In vielen Kehren auf Grasbändern durch den Südhang des Cime Gambon – erst im östlichen Teil, später Querung zum westlichen Teil.

Ca. 150 Hm unter der Cima di Terra Rossa Weggabelung bei rostiger Eisenstange (Aufschriften auf Fels): Rechts, eben zu „Buinz" und Scharte de lis Sieris; links „Terra Rossa" – unser Weg. Vorbei an kleiner Scharte in Kehren aufwärts. In einer Wegkehre weisen rote Farbkleckse nach links (westlich) zur Überschreitung zum Montasch. Saumpfad weiter folgen bis zu alter Kriegsstellung und über flache Schrofen und Schutt (Steinmänner) in wenigen Minuten zum Gipfel der Cima di Terra Rossa (2420 m, 2 Std.). Abstecher zur Scharte de lis Sieris (¹/₂ Std.) beim Abstieg lohnend (vgl. Tour Nr. 75).

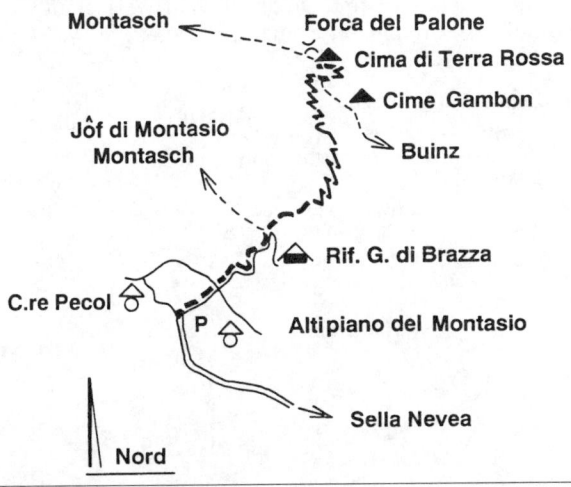

a) Scharte de lis Sieris und Buinz:

Scharte de lis Sieris leichte Bergtour; Buinz unschwieriger Kletter-steig; 3¹/4 Std.; 1030 Hm; Karten: 7, 9.

Zufahrt und Anstieg: Bis Weggabelung unter Cima di Terra Rossa wie bei Tour Nr. 74.

Wegverlauf: Parkplatz Pecol-Alm (1502 m) über Brazza-Hütte zur Weggabelung ca. 150 Hm unter Gipfel der Cima di Terra Rossa (2 Std.). Bei Weggabelung (rostige Eisenstange) rechten Weg (süd-östlich, Name „Buinz" auf Felsen) folgen; Beginn des Ceria-Merlo-ne-Steiges. Auf altem Kriegssteig eben in 20 Min. auf breitem Gras-band unter Felskamm des Cime Gambon queren bis zum Schuttfeld, das von Scharte de lis Sieris herunterzieht. Über dieses 10 Min. in einigen Kehren zur Scharte de lis Sieris (2274 m, 2¹/2 Std. ab Park-platz). Kleinen Steig westseitig unter Felsen einige Schritte zu alter Stellung (Aussichtsplatz!) folgen.

Für Buinz-Besteigung Scharte überqueren und über Schuttsteigerl östlich der Scharte zum Wandfuß, wo unschwieriger Klettersteig (200 Hm) beginnt. Durch die Westschulter des Buinz über Felsstufen, Bänder und durch kurze Schluchten; immer gut gesichert aber un-übersichtliches Gelände, auf Markierung achten. Auf Südseite des Berges, über Schutt und Schrofen; durch etwas schwierigeren schrä-gen Riß in glattem Fels (Stifte, Drahtseile) auf Westschulter und zum Doppelgipfel des Foronon del Buinz (2531 m, ³/4 Std.).

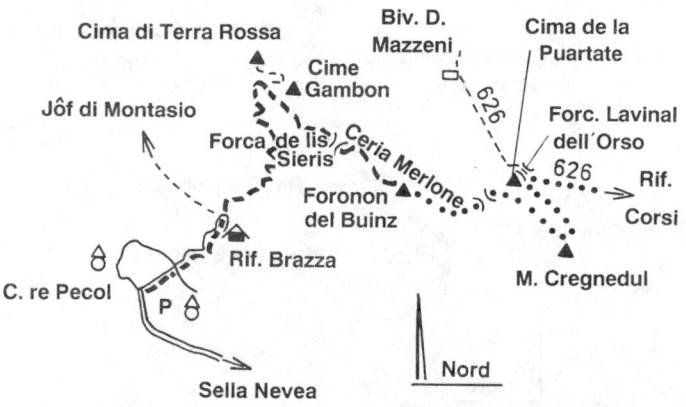

b) Gesamter Ceria Merlone-Steig (Variante)

Lange, hochalpine Überschreitung von Pecol-Alm zur Corsi-Hütte; teils ausgesetzer, mäßig schwieriger Klettersteig; 8 Std.; 1100 Hm; Karten: 7, 9.

Zufahrt und Anstieg auf Buinz: Wie Tour Nr. 75a (3 1/4 Std.).

Wegverlauf: Vom Doppelgipfel des Foronon del Buinz über alten Kriegssteig südlich unter dem Modeon del Buinz auf Band in Ostflanke dieses Berges; Ende des Kriegssteiges. Steil über Felsen (Kletterstelle, gut gesichert) und Schutt (Steinschlaghelm!) in Scharte de la Val (2352 m). Wieder auf alten Kriegssteig auf ausgesetzten Bändern unter der Cima de la Puartate queren. Südöstlich des Berges auf Kamm, unter Punta Plagnis queren; Abstieg in Cregnedul-Scharte (ca. 10 m lange Leiter) über steile Felsstufe. Über Bänder und Felsstufen, teils sehr ausgesetzt, gut gesichert, nordwestlich zurück zur Cima de la Puartate. Vom Wandfuß dieses Berges über Schutthalde zur Bärenlahn-Scharte (Forc. Lavinal dell'Orso, 2138 m) und rechts (östlich) auf Weg Nr. 626 und Nr. 625 (vgl. Tour Nr. 70) zur Corsi-Hütte (1874 m, insgesamt 8 Std.).

Hochalpine Tour nur für Bergerfahrene mit guter Kondition, Pickel, kurzes Seil; bei Schneeresten im Frühsommer sind Schwierigkeit und Zeitaufwand u.U. erheblich größer; bei Nebel Orientierung streckenweise schwierig. Übernachtung Corsi-Hütte und Rückkehr zur Pecol-Alm auf Weg Nr. 625 über Scalini-Paß (Passo degli Scalini, 2001 m) und Weg Nr. 624 über Alm Cregnedul di Sopra und Montasch-Almen (3 1/2–4 Std.).

76 Via Alta

Leichte Wanderung (Teilstück der Via Alta); 1 1/2 Std.; 100 Hm; Karten: 7+8, 9.

Zufahrt: Zur Pecol-Alm wie bei Tour Nr. 72.

Wegverlauf: Vom Parkplatz auf Pecol-Alm (1502 m) Wirtschaftsstraße geradeaus weiter nordwestlich zu riesigem Rinderstall und Latteria folgen. Unterhalb Latteria vorbei zu Fahrweg Nr. 621 (Via Alta). In westlicher Richtung zunächst leicht absteigend zu Weggabelung. Links hinunter Weg Nr. 622 nach Piani; geradeaus, fast eben Via Alta. Nach ca. 1 Std. zweigt rechts hinauf unmarkierter Steig zur Vandul-Scharte ab, nach 1 1/2 Std. ebenfalls rechts hinauf markierter Weg Nr. 641 zum Cimone (Name auf Felsblock rechts des Weges). Bis hierher bequeme Wanderung in ca. 1500–1600 m Höhe; Weg teils

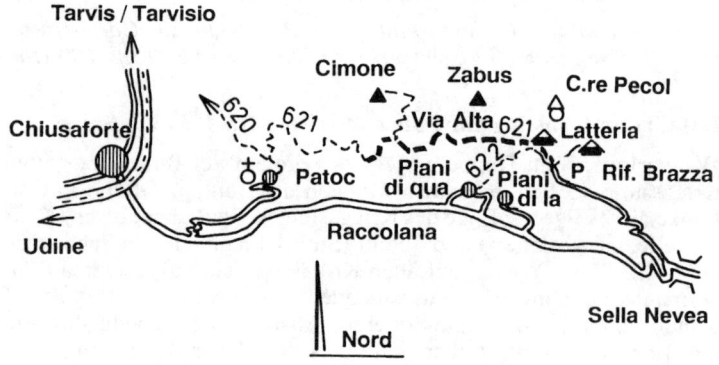

etwas verwachsen. Abstieg nach Patoc (751 m) möglich, ab Parkplatz 4¹/₂ Std. (Weiterer Verlauf der Via Alta ins Dogna-Tal sehr wenig begangen, Trittsicherheit erforderlich, 9 Std., für Übernachtung weiterer Abstieg zum Ort Dogna im Kanal-Tal erforderlich).

77 Cimone

a) Anstieg über Vandul-Scharte

Bergtour mit kurzem Klettersteig; 3³/₄ Std.; 920 Hm; Karten: 7+8, 9.

Zufahrt: vgl. Tour Nr. 72; **Zugang:** auf Via Alta wie Tour Nr. 76.

Wegverlauf: Von Parkplatz (1502 m) auf Pecol-Alm. Via Alta, Weg Nr. 621, 1 Std. fast eben gegen Westen folgen. Meist durch Wald zu Wegstück, wo von rechts steile Wiesen herunterziehen (ca. 1580 m); in diesen ein auffallender Felsriegel aus Brekzie (verkittetem Gesteinsschutt), der wie Emmentalerkäse durchlöchert ist. Vor diesem Felsriegel zweigt unmarkierter, viel begangener Steig rechts hinauf (nordwestlich) zur Vandul-Scharte (Forca di Vandul, 1986 m, 1¹/₄ Std.) ab. Links (westlich) der Scharte leitet kurzer Klettersteig (ca. 70 Hm) durch steile Felswand (sehr gut gesichert, Drahtseil, Griffe, gemeißelte Tritte) auf Viene-Gipfel (ca. 2170 m), östlicher Vorgipfel des Cimone. Westlich kurz über Wiesen in Viene-Scharte (Forca de la Viene, 2121 m) absteigen, wo von Süden markierter Steig Nr. 641 einmündet. Markiertem Weg über grasige, von Felsbändern durchzogene Ostflanke (einige 1–2 m hohe Felsstufen sind unschwierig zu durchklettern) auf Gipfel des Monte Cimone (2380 m, 1¹/₂ Std., Biwakschachtel) folgen.

Variante: Der Viene-Gipfel bricht mit steilen Wänden gegen Osten ab. An der Abbruchkante weist eine Tafel zum Ausstieg des Klettersteiges „Ferrata Norina", der durch die Ostwand leitet. Der Klettersteig ist landschaftlich sehr reizvoll, mäßig schwierig, teils ausgesetzt (Selbstsicherung empfehlenswert), aber gut gesichert.

Lohnend ist ein Ab- und Aufstieg üner diesen Klettersteig (400 Hm, ca. 3 Std. für Ab- und Aufstieg). Der Anstieg aus dem Dogna-Tal (Weg Nr. 640) über das Biwak Cividale und den Klettersteig bis zum Viene-Gipfel erfordert 6 Std. (1600 Hm). Ersteigung des Cimone noch 1 Std. länger.

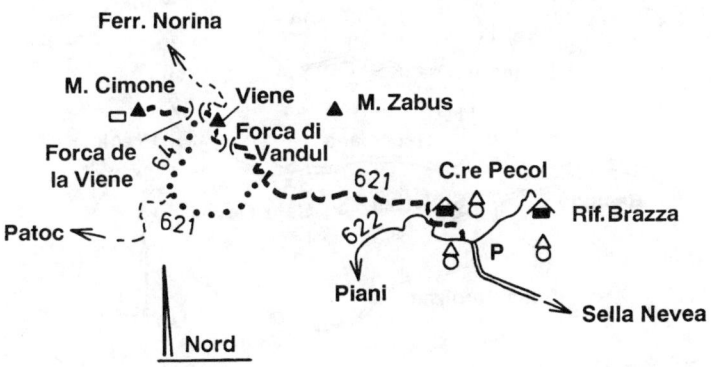

b) Anstieg über Wiesen zur Viene-Scharte

Leichte Bergtour; 3³/4 Std.; 880 Hm; Karten: 7+8, 9.

Zufahrt: vgl. Tour Nr. 72; **Zugang:** vgl. Nr. 76.

Wegverlauf: Via Alta 1¹/2 Std. folgen; in breiter, grasiger Rinne (ca. 1600 m) zweigt rechts (nördlich) markierter Steig Nr. 641 (Aufschrift „Cimone" auf Stein) ab. Zunächst steil am rechten, östlichen Rand der Rinne hinauf zu flacheren Teil mit Dolinen. Felsriegel wird links (westlich) umgangen. Steigspuren und Markierungen ab hier spärlich aber Wegverlauf eindeutig. Direkt in grasigem Gelände zur breiten, sichtbaren Viene-Scharte hinauf. Links (westlich) wie bei Tour Nr. 77a auf den Gipfel.

Beschreibung der Orte dieser Täler von Tarvis bis Resiutta mit Resia-Tal; Karte: 9.

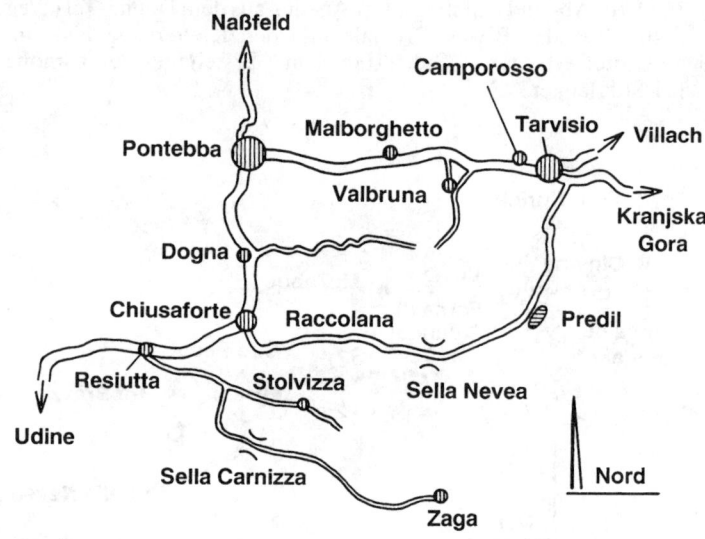

79 Luschari-Berg

a) Auffahrt mit Gondelbahn

Zufahrt: Von Tarvis nach Valbruna (Wolfsberg) und zur Talstation der Gondelbahn nordöstlich des Ortes.

Wegverlauf: Von Bergstation in 10 Min. zum Gipfel des Luschari-Berges (Monte Santo di Lussari, 1789 m).

b) Auf altem Wallfahrtsweg

Leichte Bergtour; 2³/4 Std.; 930 Hm; Karten: 7, 9.

Zufahrt: Von Tarvis (Landstraße) Richtung Udine; ca. 200 m nachdem von Umfahrungsstraße rechts Zufahrt zum Ort Camporosso abgezweigt ist, links hinauf zum Weiler Luschari (Lussari, 885 m). Auto vor letzten Bauernhöfen parken.

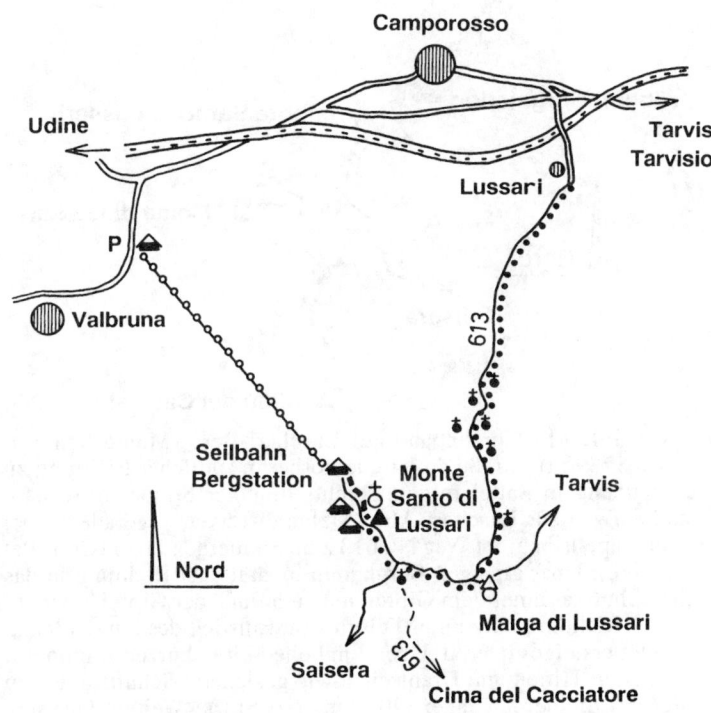

Wegverlauf: Von Lussari altem Wallfahrtsweg (Fahrweg) folgen; bei Schranken Hinweistafel, Weg Nr. 613. Vorbei an Kreuzwegstationen in $2^1/_4$ Std. zur Luschari-Alm (Malga di Lussari, 1573 m). Zum Sattel unter Monte Prasnig, wo Straße aus Seisera einmündet und dieser rechts (nordwestlich) zum Luschari-Berg ($^1/_2$ Std.) folgen.

80 Steinerner Jäger

Unschwierige Bergtour; unter Gipfel einige Meter sehr leichter Klettersteig; bei Seilbahnauffahrt $1^1/_4$ Std.; 320 Hm.
Fußweg von Lussari 4 Std.; 1210 Hm; Karten: 7, 9.

Zufahrt: wie bei 79a und b beschrieben.

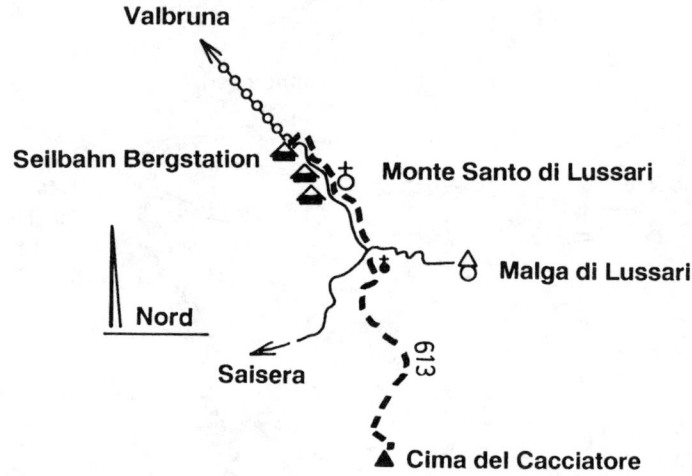

Wegverlauf: Mit Gondelbahn auf Luschari-Berg (Monte Santo di Lussari, 1789 m). Straße an Kirche vorbei in südlicher Richtung zu Wegkreuzung in Sattel folgen: Rechts hinunter Straße in Seisera; links Fahrweg zur Luschari-Alm (Malga di Lussari); geradeaus bei kleiner Kapelle beginnt Weg Nr. 613 zum Steinernen Jäger (Cima del Cacciatore). Über grasigen Bergkamm in südlicher Richtung in das breite Schuttkar unter dem Gipfel und zum Fuße der Gipfelfelsen. In östlicher Richtung kurz unter Felsen zum Einstieg des kurzen (ca. 5 Hm) Klettersteiges queren. Über 2 m hohe Leiter, kurzen Kamin mit gemeißelten Tritten und Drahtseil sowie gesicherte Schuttrinne zum Gipfel des Steinernen Jäger (2071 m, 1 1/4 Std.). (Weitere Querung unter den Felsen – ohne Anstieg über Klettersteig – führt leicht zu Sattel mit schöner Aussicht).

Für die Gipfelbesteigung ohne Benützung der Gondelbahn über Fußweg von Lussari vgl. Tour Nr. 79b bis Sattel unter Monte Prasnig; Anstiegszeit 4 Std., Weg Nr. 613.

81 Seisera und Spranje

a) Rundtour über Biwak Stuparich (Abstecher Biwak Mazzeni)

Leichte Bergtour; Rundtour 3 1/2 Std.; 570 Hm; (Abstecher zu Biwak Mazzeni verlängert Tour um 2 3/4 Std.); Karten: 7, 9.

Zufahrt: Von Tarvis nach Valbruna und 5 km zum Parkplatz am Straßenende auf der Seisera-Alm (Malga Saisera).

Wegverlauf: Von Parkplatz (1004 m) vorbei an Kugy-Denkmal und Hütten der Seisera-Alm Weg Nr. 616 eben zu riesigem Schotterbett. Rechten Arm des Schotterbettes folgen. Nach ca. 20 Min. Weggabelung: geradeaus weiter, Fahrweg Nr. 616 zum Biwak Mazzeni (Abstiegsweg bei Rundtour); rechts (westlich) abzweigend Weg Nr. 639 zum Biwak Stuparich (1578 m, 1$^3/_4$ Std.). (Biwak Stuparich auch auf Weg Nr. 611 über Grego-Hütte erreichbar, $^3/_4$ Std. länger, vgl. Tour Nr. 81 c).

Vom Biwak Stuparich Steig Nr. 611 links (östlich) gegen Biwak Mazzeni folgen; auf ausgeprägtem Band Fuß des Enzian-Turmes (Torre Genziana) queren und absteigend zur Einmündung des Weges Nr. 616 (ca. 1130 m). Links (nördlich) auf diesem Weg zurück zur Seisera-Alm (1$^3/_4$ Std.).

Variante: Rechts (südlich) hinauf zum Biwak Mazzeni (1630 m, 1$^1/_2$ Std. ab Weggabelung).

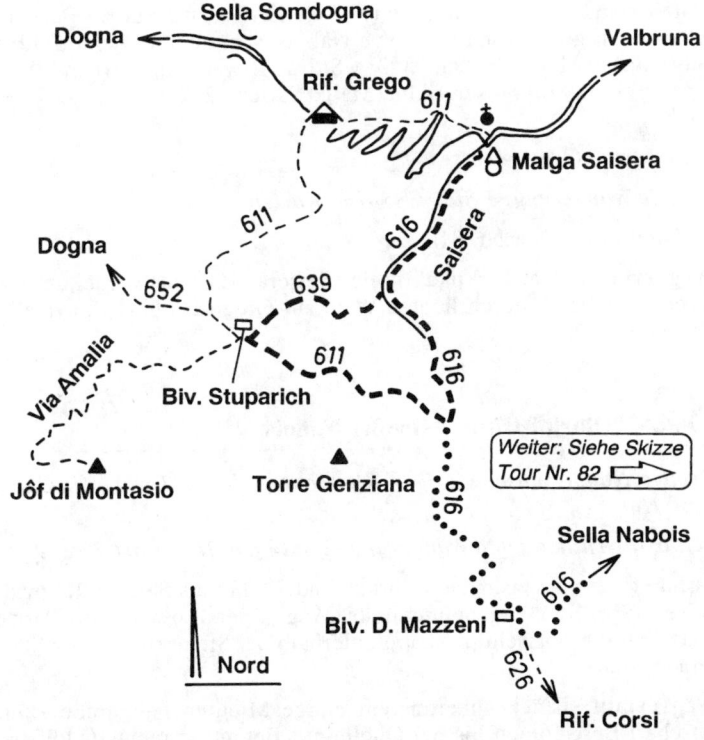

b) Gesamter Carlo-Chersi-Ringweg

Leichter Klettersteig; sehr lange hochalpine Querung; Rundtour 11 Std.; 1400 Hm; Übernachtung Pellarini-Hütte empfehlenswert; Karten: 7, 9.

Eigentlicher Carlo-Chersi-Steig leitet von der Grego-Hütte zu der Pellarini-Hütte über Biwak Stuparich und Biwak Mazzeni (7–8 Std. von Hütte zu Hütte).

Zufahrt und Anstieg zu Biwak Mazzeni: vgl. Tour Nr. 81a, c.

Wegverlauf: Vom Biwak Mazzeni (1630 m) Weg Nr. 616 zur Nabois-Scharte und Pellarini-Hütte folgen. (Rechts zweigt Übergang Nr. 626 zur Corsi-Hütte ab). Karboden queren und steil nordöstlich zu Wandfuß ansteigen. Wischberg-Nordwand queren; durch Rinnen und Schluchten, über Bänder (wo nötig Drahtseile) zur Nabois-Scharte (Sella Nabois, 1970 m). Technisch leichter Klettersteig; Schnee- und Eisreste in Rinnen (oft bis Hochsommer) können Schwierigkeit und Zeitaufwand erheblich steigern (Pickel, Steigeisen). Nur für Bergerfahrene mit guter Kondition! Von Nabois-Scharte über Schuttfelder zur Pellarini-Hütte (1499 m, 3–3 1/2 Std. ab Biwak Mazzeni) und Weg Nr. 616 zurück zur Seisera-Alm (Malga Saisera, 2–2 1/2 Std., vgl. Tour Nr. 82).

c) Seisera – Grego-Hütte

Leichte Wanderung; 1 Std.; 385 Hm; Karten: 7, 9.

Zufahrt: Vgl. Tour Nr. 81a.

Wegverlauf: Vom Parkplatz in der Seisera (1004 m) vorbei an der Kapelle in 1 Std. durch lichten Wald zur Grego-Hütte (Rif. Fratelli Grego, 1389 m).

82 Pellarini-Hütte – Großer Nabois

Großer Nabois unschwieriger Klettersteig, lange Tour; 4 1/4 Std.; 1450 Hm.

Pellarini-Hütte leichte Wanderung, 2 Std.; 640 Hm; Karten: 7, 9.

Zufahrt: Von Tarvis nach Valbruna und 2,5 km ins Seisera-Tal (Val Saisera); bei Straßengabelung links (Wegweiser „Lussari") bis Parkplatz (Fahrverbotsschild) knapp unterhalb der Steinbrücke über Seisera (860 m).

Wegverlauf: Brücke überqueren, einige Minuten Fahrstraße zum Luschari-Berg folgen bis bei Quelle mit Betontrog rechts (südlich)

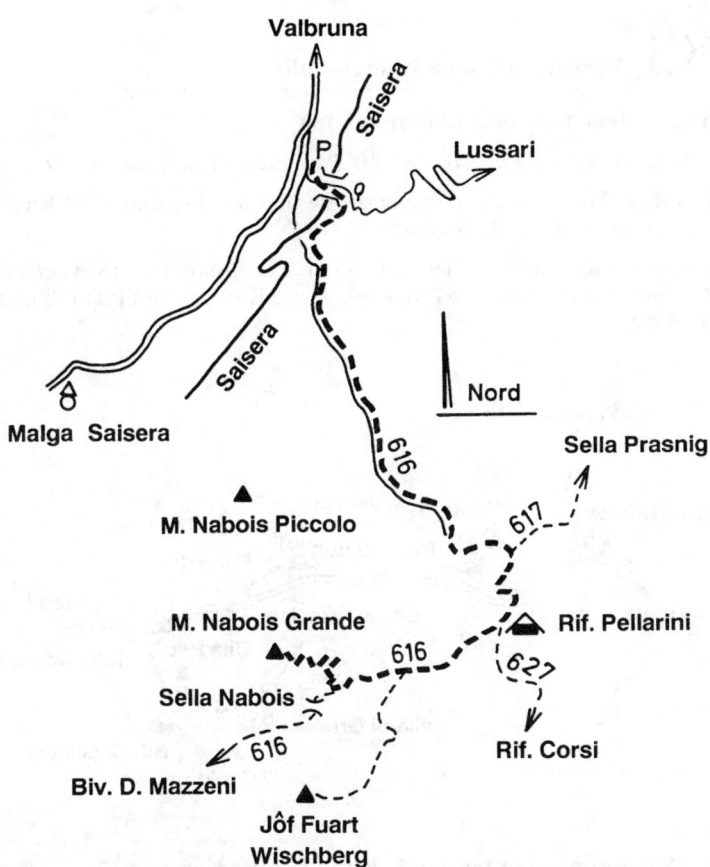

neu markierter Steig zur Pellarini-Hütte abzweigt. (Weg Nr. 616 quert Seisera oberhalb, Holzsteg über Fluß oft weggerissen). Nach 10 Min. erreicht man bei großer WWF-Informationstafel Fahrweg Nr. 616, der links (südöstlich) zur Materialseilbahn und Pellarini-Hütte (1499 m, 2 Std.) leitet.

Von Hütte Weg Nr. 616 südwestlich gegen Nabois-Scharte, oberster Teil Schutt. Ca. 70 m unter Scharte auf Felsblock Aufschrift „Nabois"; hier rechts (nördlich) abzweigen. Auf alten Kriegssteigen unschwierig zum Gipfelaufbau, wo leichter Klettersteig, ca. 100 Hm (Drahtseile, Eisenstifte, Eisenkette, oft beschädigte Sicherungen!) zum Gipfel des Großen Nabois (M. Nabois Grande, 2313 m, 2–2¹/₂ Std.) leitet.

a) Bergdörfer Patoc und Piani di qua

Wanderungen auf Fahrstraße oder Pkw-Zufahrt; Karten 7+8, 9.

Zufahrt: Von Tarvis nach Chiusaforte und ins Raccolana-Tal Richtung Nevea-Paß (Sella Nevea).

Wegverlauf: Mit Pkw oder zu Fuß (ca. 2 Std.) nördlich abzweigend zu den Weilern Patoc (751 m, enge, steile Kurven) und Piani di qua (688 m).

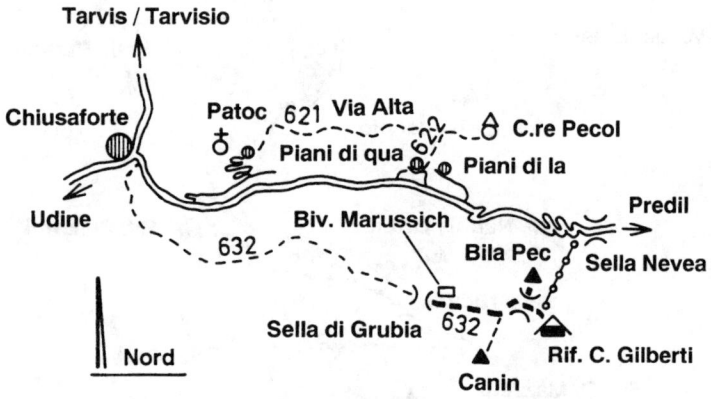

b) Wanderungen unter den Felswänden des Kanin

Leichte Bergtour; 2 Std.; 300 Hm; Auffahrt mit Gondelbahn; Karten: 7, 9.

Zufahrt: Von Tarvis über Chiusaforte oder Predil-See zum Nevea-Paß.

Wegverlauf: Knapp westlich unter Nevea-Paß (1175 m) Talstation der Kanin-Gondelbahn. Mit dieser bis knapp unter Gilberti-Hütte (1870 m). Von Hütte Weg Nr. 632 westlich in Bila Pec-Sattel (Sella Bila Pec, 2005 m, $^1/_2$ Std.). Rechts (nördlich) abzweigend auf altem Kriegssteig in 20 Min. Abstecher auf Bila Pec-Gipfel (2146 m). Fortsetzung der Höhenwanderung auf altem Saumpfad Nr. 632 (bis Sommer flache Schneefelder zu überqueren) zum Grubia-Sattel

(Sella di Grubia, Biwak Marussich, 2041 m, 1 Std.). (Gesamte Überschreitung bis Chiusaforte 5 Std.).

Ohne Gondelbahn Aufstieg vom Nevea-Paß zur Gilberti-Hütte 1³/4 Std.

84 Dogna-Tal

Beschreibung des wild-romantischen Dogna-Tales; Befahrung auch ohne Gipfelbesteigung sehr lohnend.

85 Köpfach

Leichte Bergtour; 1¹/4 Std.; 500 Hm; Karten: 7, 9.

Zufahrt: Von Tarvis (Tarvisio) Richtung Udine bis Dogna und 18 km ins Dogna-Tal zum Parkplatz am Somdogna-Sattel (Wegweiser „Rif. Grego", „Val Dogna").

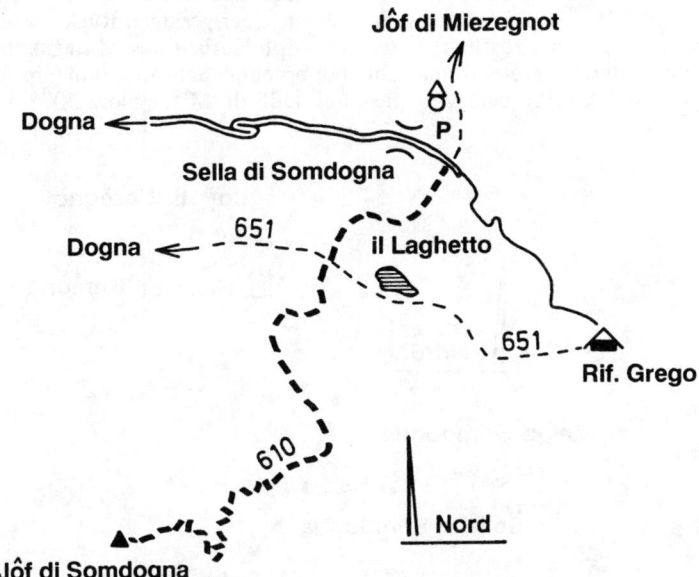

Wegverlauf: Vom Somdogna-Sattel (Sella Somdogna, 1392 m) südlich auf unmarkiertem Steig über Wiese (links neben kleiner Wasserrinne) und durch Wald in 1/4 Std. zu Weg Nr. 651, der von Grego-Hütte hinunter ins Dogna-Tal führt. Diesen Weg kreuzen und jetzt markierten Weg Nr. 610 zum Köpfach (Jôf di Somdogna, 1889 m, 1 Std.) folgen.

Variante: Vom Somdogna-Sattel Fahrstraße (Fahrverbot) zur Grego-Hütte folgen; rechts (westlich) Weg Nr. 651 vorbei an sumpfigem See „il Larghetto" bis links (südlich) Weg Nr. 610 abzweigt (ca. 20 Min. längere Gehzeit).

86 Mittagskofel

Leichte Bergtour; 2 Std.; 700 Hm; Karten: 7, 9.

Zufahrt: wie bei Tour Nr. 85 in Somdogna-Sattel.

Wegverlauf: Vom kleinen Parkplatz auf Somdogna-Sattel (Sella Somdogna, 1392 m) links (nördlich) zu den Almhütten der Malga Somdogna aufsteigen und Weg Nr. 609 (meist alte Kriegssteige) zu verfallener Kriegsstellung folgen; ein Gebäude als Biwak-Hütte (Ricovero Btg. Alpini Gemona) ausgebaut. Über grasigen Rücken steil aufwärts; rechts (östlich) unter den Gipfelaufbau des Mittagskofel queren und kurz, etwas mühsam über brüchige Schrofen zum Gipfelgrat und Gipfel des Mittageskofel (Jôf di Miezegnot, 2087 m, 1 3/4–2 Std.).

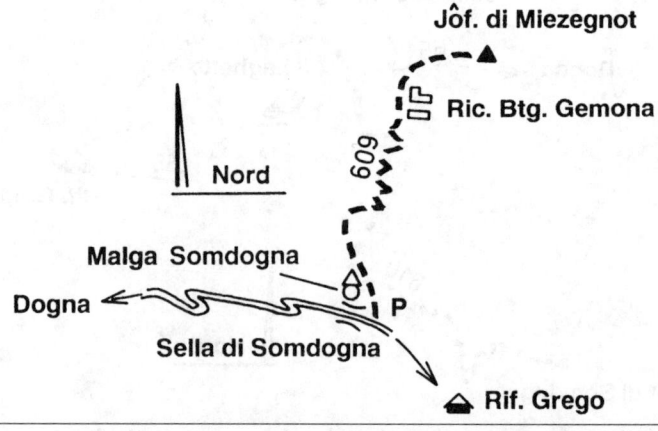

a) Monte Piper – Normalweg

Leichte Bergtour; 2 Std.; 800 Hm; Karten: 7, 9.

Zufahrt: Von Tarvis (Tarvisio) nach Dogna und 16,6 km (ab Kirche) in das Dogna-Tal. Vor Abzweigung des Weges führt Straße nach einigen Serpentinen knapp unter die Felsen und auf kleiner Brücke über meist trockenes Schotterbett. Nach Brücke (1270 m) links der Straße Hinweisschild „Forc. di Cianolot, Ric. Bernardinis, Weg Nr. 648").

Wegverlauf: Steil hinauf, erst rechts (östlich) einer Schotterrinne, dann Querung auf westliche Seite; steil durch lichten Wald zu Weggabelung in kleiner Scharte inmitten von Latschen (1749 m, 1 1/4 Std.); erstmals Blick auf Zweispitz-Südwand. Links (nordwestlich) Weg Nr. 649 zum Zweispitz (Due Pizzi), rechts (nordöstlich) zum Monte Piper (lt. Karte auch mit Nr. 649 markiert, in Natura (Jahr 1991) verblaßte Nr. 642). Über steile Grashänge zu altem Kriegssteig, diesem östlich fast eben in Scharte zwischen mittleren und südöstlichem M. Piper-Gipfel folgen. In wenigen Minuten über Schrofen rechts (südlich) auf M. Piper Südost-Gipfel (2069 m, 3/4 Std.).

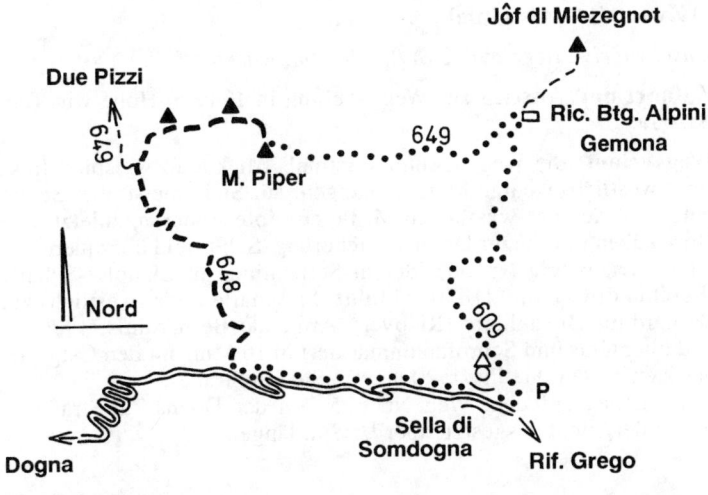

b) Variante: Rundweg über Klettersteig

Leichter Klettersteig, Kammüberschreitung; Rundweg 4³/4 Std.; 850 Hm;

Zufahrt: vgl. Tour Nr 85.

Anstieg zur Biwak-Hütte (Ricovero Btg. Alpini Gemona, 1946 m, 1¹/2 Std.), wie Tour Nr. 86.

Wegverlauf: Von Biwak-Hütte links Steig Nr. 649 knapp unterhalb des grasigen Verbindungskammes Mittagskofel – M. Piper nach Westen folgen. Dann auf altem Kriegssteig unter Felsgrat mit kurzen Auf- und Abstiegen queren (teils Drahtseilsicherungen, bei Nebel Orientierung schwierig). Riesige Schutthalde absteigend überqueren zum Einstieg des Klettersteiges (150 Hm). Über Klettersteig (gut gesichert aber sehr brüchiges Gestein, daher oft lockere oder fehlende Sicherungen) zum M. Piper-Südostgipfel (2069 m, 1–1¹/2 Std.).

Abstieg auf M. Piper - Normalweg (Tour Nr. 87a) und auf Dogna-Tal-Straße 1,7 km zurück zum Parkplatz auf Somdogna-Sattel (1392 m). Abkürzungssteige zwischen Straßenserpentinen.

88 Zweispitz

a) Zweispitz – Ostgipfel

Unschwierige Bergtour; 2 Std.; 740 Hm; Karten: 7, 9.

Zufahrt und Anstieg zur Weggabelung in 1749 m Höhe wie Tour Nr. 87a.

Wegverlauf: Bei Weggabelung (erstmals Blick auf Zweispitz) links (nordwestlich) wenige Meter absteigen; auf Steig meist über Schutt unter Wänden des westlichen M. Piper-Gipfels queren, zuletzt über Holzbalken mit kurzer Drahtseilsicherung. Schuttfeld überqueren zu altem Kriegssteig Nr. 605, der in Serpentinen in Cianolot-Scharte (Forchia di Cianolot, 1830 m) führt. In Scharte links (westlich) zur Bernardinis-Biwakhütte (Ricovero Armando Bernardinis, 1970 m) und über Gras und Schrofen unmarkiert in 10 Min. auf den Ostgipfel des Zweispitz (Due Pizzi, 2008 m, 2 Std. ab Straße).
Der Anstieg auf dem Weg Nr. 605 von der Dogna-Tal-Straße ist bequemer, nicht ausgestzt, aber ¹/2 Std. länger.

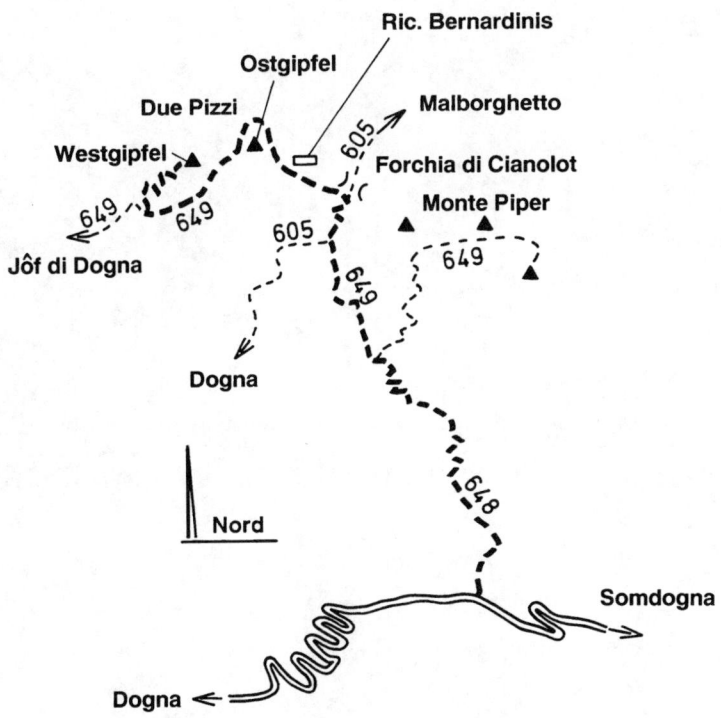

b) Zweispitz – Westgipfel

Unschwieriger, sehr ausgesetzter Klettersteig; 2³/4 Std.; 800 Hm; Karten: 7, 9.

Zufahrt und Anstieg zu Ric. Bernardinis wie Tour Nr. 88a.

Wegverlauf: Vom Ric. Bernadinis (1970 m) auf markiertem Steig Nr. 649 Osthang des Ostgipfels nördlich zur Gratkante queren. Bei alter Stellung Stolleneingang; durch diesen langen Stollen (Taschenlampe!); dann mit Drahtseilen gesichert in Scharte zwischen Ost- und Westgipfel. Durch natürliches Felsentor, wenige Meter absteigend und leicht, aber sehr ausgesetzt, auf künstlichem Band Südwand des Westgipfels durchqueren (Drahtseilsicherung). Über Südwestflanke leicht auf Westgipfel des Zweispitz (Due Pizzi, 2046 m, ³/4 Std.).

Register

**Namen der Tourenziele (deutsch)
und deren Nummern im Tourenheft**

Notizen

Notizen

Notizen

Notizen

Notizen

Notizen